區塊鏈｜未來經濟的藍圖

Blockchain

Blueprint for a New Economy

Melanie Swan 著

沈佩誼 譯

前言

> 我們應該把區塊鏈視為另一種近似網際網路的事物，一種具備多層級及多類型應用的綜合資訊科技：資產登記、存貨清單、以及涉及金融、經濟、貨幣領域的各種交易；有形資產（實體財產、住家、汽車等）；以及無形資產（選票、創意、聲望、意圖、健康紀錄、資訊等）。不過，區塊鏈的概念遠不僅於此：區塊鏈是呈現、評估和傳遞任何事物的所有量子數據（離散單位）的全新組織典範，而且區塊鏈科技很有可能讓人類活動的協調達到空前規模。

我們可能正處於革命到來的拂曉時刻，這場革命始於網際網路上的新邊緣經濟（fringe economy），也就是名為「比特幣」的替代貨幣，它不再依賴中央權威機構發行與支撐，而是仰賴網路用戶間的自主共識來運作。

比特幣的真正獨特性在於，它並不需要用戶之間彼此信任。透過演算法的自動約束，可以遏止任何試圖欺騙系統的惡意行為。用精確的技術語言來定義的話，比特幣是一種透過網路進行交易，於去中心化（decentralized）、去信任（trustless）的系統中使用名為「區塊鏈（blockchain）」的公共帳本上運作的數位現金（digital cash）。這是一種結合了 BitTorrent 點對點檔案分享[1]與公鑰加密技術[2]的全新型態貨幣。

自 2009 年誕生以來，比特幣已催生了一大群採用相同模式但有不同程度的優化與調整的模仿者。更重要的是，區塊鏈科技能夠藉由支援下列面向：支付、去中心化交易所、代幣的取得與消費、數位資產的調用與轉移，以及智慧合約的發行與執行等等，進而實現過去網路從未有過的「無縫嵌入式經濟層（seamless embeded economic layer）」。比特幣與區塊鏈科技，作為一種去中心化技術的典型，有可能成為下一波重大的、全球性運算典範的第五次破壞式創新（前四次分別為大型電腦（mainframe）、個人電腦、網際網路、社群網路與行動裝置），有潛力如全球資訊網（Web）一樣，全面重新形塑人類生活型態。

---

1 Kayne, R. "What Is BitTorrent?" wiseGEEK, December 25, 2014. *http://www.wisegeek.com/what-is-bittorrent.htm#didyouknowout.*

2 Beal, V. "Public-key encryption." Webopedia. *http://www.webopedia.com/TERM/P/public_key_cryptography.html.*

貨幣、合約與超越金融市場的應用

區塊鏈的潛在優勢不只侷限於經濟層面，其應用可以延伸到政治、公益、社會和科學領域，而且區塊鏈科技已被某些團體拿來解決現實世界的問題。舉例來說，為了消弭政治壟斷，可以利用區塊鏈科技創建一個去中心化的雲端功能，提供過去由管轄機構管理的服務。這顯然對像維基解密（WikiLeaks，因創辦人史諾登涉嫌洩密被美國政府禁止使用信用卡捐款給該機構）以及政治中立的跨國組織（比如提供網際網路標準服務的 ICANN 和 DNS）來說極有助益。

除了這些全球公共利益必須超越單一政府的情況之外，其他行業和社會階級可以藉由區塊鏈科技，擺脫受既得利益團體影響之下的不公平管制規約，而實現新的去中心化商業模式。儘管在某些傳統機構的遊說下，政府管制已經有效地削弱了提供消費者基因組服務的公司發展 [3]，但是像 Airbnb 和 Uber 的新型共享經濟模式已經在法律層面站穩腳跟 [4]。

除了在經濟與政治的應用上具備優勢，區塊鏈的協同合作、記錄保存和交易的不可撤銷性等特性，很有可能是全球社會進步發展的基石，就如大憲章或羅賽塔石碑對人類社會的意義一樣。區塊鏈可以作為公共紀錄資料庫，用來公證人類社會的資

---

3 Hof, R. "Seven Months After FDA Slapdown, 23andMe Returns with New Health Report Submission." Forbes, June 20, 2014. *http://www.forbes.com/sites/roberthof/2014/06/20/seven-months-after-fda-slapdown-23andme-returns-with-new-health-report-submission/.*

4 Knight, H. and B. Evangelista. "S.F., L.A. Threaten Uber, Lyft, Sidecar with Legal Action." SFGATE, September 25, 2041. *http://m.sfgate.com/bayarea/article/S-F-L-A-threaten-Uber-Lyft-Sidecar-with-5781328.php.*

訊，包括所有文件、事件、身份認證和資產等。在這個資料庫系統下，所有財產都可以成為智能財產（smart property）。這概念建構在將所有資產編碼到區塊鏈上，讓每一個資產都具備獨一無二的識別碼。因此，所有資產都能在區塊鏈上被追蹤、管理與交易（買賣）。這表示所有形式的有形資產（諸如房屋、汽車）以及數位資產，都可以在區塊鏈上註冊與轉移。

舉個例子（本書中將會提到更多實例），我們可以看到在智慧財產權（Intellectual property, IP）的註冊與保障的應用上，區塊鏈即具備改變世界的潛力。新興的數位藝術行業提供了登記私人數位資產（任何檔案、圖像、健康記錄、軟體等）到區塊鏈上的服務。區塊鏈可以取代或補強所有目前已知的智財權管理系統。其運作原理是透過標準演算法將任何一份檔案壓縮成一組 64 位的代碼，稱之為「雜湊值（hash）」，與該份檔案對應[5]。無論檔案有多大，就好比一份 9 GB 的基因組檔案，也會被壓縮成一組只有 64 位元，且無法逆向回推演算的安全雜湊值。這個雜湊值接著會被寫入一個區塊鏈交易中，同時加入時間戳記（timestamp），證明該數位資產存在時點。這個雜湊值可以利用存於擁有者電腦上的原始檔案再次生成，以便確認檔案內容是否有變動。

5 儘管兩個檔案具有相同的雜湊值的情況並非絕對不可能出現，但是 64 位元雜湊值的數量遠遠大於人類可望建立的檔案數量。這個概念類似加密標準，即使雜湊值可能被破解，但所花費的運算時間卻比宇宙歷史還要長。

標準化機制，就如合約法的出現，已然成為推動社會進步的決定性因素，區塊鏈智財權（數位藝術）也完全可以成為這種具革命性的轉捩點，它將推動更加流暢、更大規模的社會合作，因為有越來越多的經濟活動是由激發的創意而驅動。

區塊鏈 1.0、2.0 及 3.0

比特幣和區塊鏈科技對經濟、政治、公益及法律系統層面的益處，明確佐證了區塊鏈是一項具有重新型塑社會各層面及運作方式潛力的破壞式創新科技。為了方便組織與討論，這些由區塊鏈科技帶來的各種創新可以分為三類：區塊鏈 1.0、區塊鏈 2.0 與區塊鏈 3.0。

區塊鏈 1.0 即貨幣，諸如轉帳、匯款、數位支付系統等與金錢相關的應用。區塊鏈 2.0 是合約，是區塊鏈科技在經濟、市場、金融方面的全方位應用，比起簡單的現金交易有著更為廣泛的延伸應用，股票、債券、期貨、貸款、房屋抵押貸款、產權、智能資產及智慧合約等皆屬應用範疇。區塊鏈 3.0 則是超越貨幣、金融、市場之外的區塊鏈應用，特別是在政府、健康、科學、識讀、文化與藝術層面的應用。

什麼是比特幣？

比特幣是一種數位現金。比特幣是一種獨立於中央銀行之外，使用加密技術來管理貨幣發行量及交易有效性的電子貨幣及線上支付系統。「比特幣」一詞可能令人困惑，因為比特幣和區塊鏈可以指涉三種概念：底層的區塊鏈技術、協議（protocol）與進行交易的客戶端，或者指實際流通的比特幣（Bitcoin），甚至是所有加密貨幣的統稱。這就好比 PayPal 服務，用戶可以在 PayPal 平台上依循 PayPal 協議，使用 PayPal 進行交易。區塊鏈行業有時會交替使用這三個概念，這是因為比特幣／區塊鏈技術仍處於形塑技術堆疊（technology stack）層級的過程。

比特幣於 2009 年 1 月 9 日問世[6]，由一位不知名的人物或組織以「中本聰」的名義創造出來。在白皮書《比特幣：一種對等式的電子現金系統》[7] 中清楚揭示了比特幣的概念與運作細節。使用這種去中心化虛擬貨幣的歷史交易記錄會儲存在一個公共帳本（即，區塊鏈）中，這帳本又儲存在許多比特幣用戶的電腦上，而且用戶可以持續地在網路上查閱比特幣歷史交易紀錄。比特幣是最早出現，也是規模最大的去中心化加密貨幣。

6 Nakamoto, S. “Bitcoin v0.1 Released.” The Mail Archive, January 9, 2009. *http://www.mail-archive.com/cryptography@metzdowd.com/msg10142.html.*

7 ———. “Bitcoin: A Peer-to-Peer Electronic Cash System.” (publishing data unavailable) *https://bitcoin.org/bitcoin.pdf.*

目前還有數百種「altcoin（替代貨幣）」，如萊特幣（Litecoin）和狗狗幣（Dogecoin），但比特幣佔了所有加密貨幣市值的九成，同時也是業界標準加密貨幣。比特幣是假名制（不是匿名的），使用者可以利用比特幣的公鑰位址（一串 27-32 個英文字母及數字組成的字串，功能類似於電子郵件地址）來發送與接收比特幣，並為交易留下紀錄。以此角度來看，比特幣是不記名而非真正匿名的，交易本身與使用者身份資訊並無關聯。

比特幣同時也是使用者參與區塊運算的獎勵，因運算過程猶如開採礦物，故稱為「挖礦」，使用者可以提供電腦運算力來驗證交易並將交易內容紀錄到公共帳本（即，區塊鏈）中。不論是個人使用者或專業挖礦公司，他們能透過「挖礦」賺取交易手續費與新發行的比特幣。除了挖礦，可以像任何貨幣一樣，透過與法定貨幣、產品、服務進行交換取得比特幣。用戶可以使用個人電腦、行動裝置或網路應用端的電子錢包服務，支付交易手續費進行比特幣交易。

什麼是區塊鏈？

區塊鏈就是一本記錄所有比特幣歷史交易的公共帳本。因為礦工們不斷地添加新的區塊，以每 10 分鐘添加一個區塊的速度紀錄最新交易，所以這個帳本會持續增長。新的區塊會依照時間順序添加到區塊鏈上。

每個完整的節點（即每台連上比特幣網路執行交易確認與回報的用戶端電腦）都擁有區塊鏈的備份，只要加入比特幣網路時就會自動下載至使用者電腦中。自「創世區塊」（第一個區塊）到最新添加的區塊，區塊鏈擁有所有比特幣位址及其金額的完整資料。區塊鏈作為一本公共帳本，意味著用戶可以使用區塊鏈瀏覽器（如：*https://blockchain.info/*）查詢某個特定位址的比特幣交易紀錄。舉例來說，你可以輸入自己的電子錢包位址查詢你的第一筆比特幣從哪裡來。

區塊鏈是比特幣科技最重要的創新，因為它可以作為所有網路交易的「去信任」證明機制。從此，用戶可以信任這個由「礦工會計師」維護，儲存在全球範圍內各個去中心化節點的公開帳本，而不再需要透過第三方中間人（如銀行）與交易對象建立信任機制。在建構一個去中心化、去信任的全新交易機制層面上，區塊鏈科技無疑是一項關鍵創新。區塊鏈允許各方在全球範圍內，以去中介、去中心化的方式進行各種形式的交易。

區塊鏈就像在目前網際網路所使用的通訊協定堆疊上運行一個全新的應用層，讓使用者藉由網際網路進行即時支付（使用通行的加密貨幣）或執行更加複雜的遠期金融合約等經濟層面的應用。讓所有貨幣、金融合約、實體或虛擬資產都能透過類似區塊鏈的系統進行交易。

此外，區塊鏈不僅能用於交易，也可以作為記錄、追蹤、監控和處理各種資產的註冊管理機構及庫存系統。區塊鏈就像一個登記所有資產的巨型電子試算表，記錄了所有形式的資產歸屬與全球範圍內交易紀錄的會計系統。因此，區塊鏈可應用於任何形式的資產登記、庫存清點，以及涉及金融、經濟和財富各層面的交易紀錄，也可以紀錄有形資產（房、車、土地）或無形資產（如選票、點子、聲望、意圖、健康數據）。

網路化的世界與區塊鏈：第五次破壞式創新的運算典範

我們可以透過觀察運算典範（computing paradigm）來了解現代社會的演進，圖 P-1 顯示新的運算典範約每隔十年就會出現一次。首先是大型主機（Mainframe）和個人電腦問世，接著網際網路成為主宰。行動裝置與社群網路則是目前最新的運算典範。

以目前科技發展來看，基於區塊鏈加密運算所形成的網路可能就是接下來十年的新運算典範。穿戴式裝備、物聯網（IoT）感測器、智慧型手機、平板電腦、筆記型電腦與自我量化追蹤設備（如 Fitbit）、智慧家庭系統、智慧汽車與智慧城市的出現，日益形塑出一個無縫式多裝置運算的網路世界，而新興的區塊鏈科技可以應用於這個網路化世界的經濟層面上。

區塊鏈經濟的功能不僅止於實現金錢流動，它更是一種傳遞資訊與有效分配資源的經濟模式。除了具備與網際網路不相上下的創新潛力，再加上目前廣泛普及的網際網路與行動網路系統，區塊鏈科技的普及速度可望比當時的網際網路還要更迅速。

正如第四次運算典範中，行動裝置與社群網站的出現賦予了各種事物的社交功能（諸如按讚、評論、加好友、論壇發文等行為），行動性與社交性已然成為新科技的預設功能一樣，接下來第五次運算典範的區塊鏈科技，也能激盪出下一世代對於價值交換之功能性的全新認知。利用區塊鏈科技建立底層支付系統，除了提供一般支付功能外，更能支援小額支付、去中心化交易所、代幣的取得與消費、數位資產的調用與轉移，以及智慧合約的發行與執行等經濟層面的應用。因此，第五次運算典範的價值交換功能可以帶來一種連續不斷的、無縫式、跨足實體世界的多裝置運算體驗。現今社會已經準備好迎接更加普遍的網路支付系統：Apple Pay（蘋果公司推出的電子錢包服務）及其他支付選項可能正朝著一個使用區塊鏈科技建構出無縫式網路經濟層的數位貨幣世界，邁出關鍵性的一步。

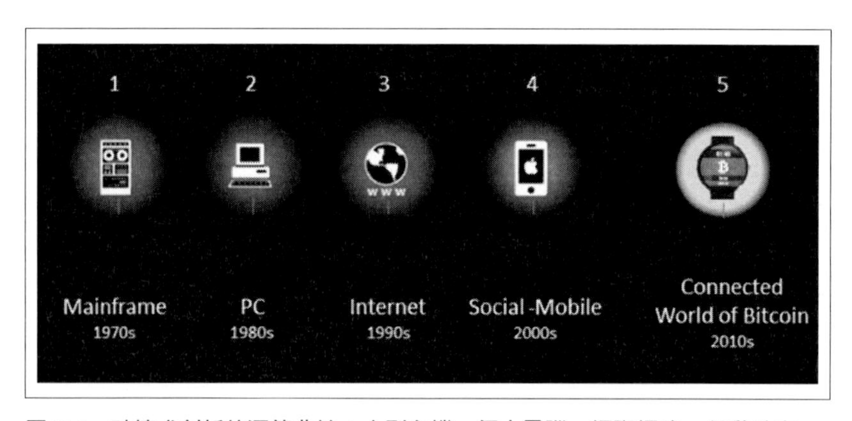

圖 P-1 破壞式創新的運算典範：大型主機、個人電腦、網際網路、行動社交、區塊鏈 [8]

---

8 Extended from: Sigal, M. "You Say You Want a Revolution? It's Called Post-PC Computing." Radar (O'Reilly), October 24, 2011. *http://radar.oreilly.com/2011/10/post-pc-revolution.html.*

M2M/IoT 與比特幣支付網路結合：發展「機器經濟」的可能性

對於人類世界，或者更確切的說，對「人類網路（Internet of Individuals）」來說，區塊鏈無疑是一個革命性典範，同時也可以促進機器經濟（machine economy）發展。顧能科技顧問公司（Gartner）預測到了 2020 年，物聯網將帶來 260 億台裝置與 1.9 萬億美元的經濟規模[9]。為了讓裝置間的資訊交換順暢無阻，並滿足設備間的小額支付需求[10]，架構相對應的「貨幣網路」即加密貨幣勢在必行，同時也將發展出一種新的經濟層[11]。思科系統公司（Cisco）推估機器到機器（M2M）應用的成長速度（84%）比任何類似應用還要快，同時預測指出從 2012 年至 2018 年全球 IP 位址流量會成長三倍，行動裝置、WiFi 和 M2M 通訊逐漸成為主流應用[12]。正如貨幣經濟允許人類在人力範圍內更佳、更快、更有效地分配資源，機器經濟也可以提供一個強大、去中心化的處理系統，在機器規模上實現有效的資源分配。

---

[9] Gartner. “Gartner Says the Internet of Things Installed Base Will Grow to 26 Billion Units By 2020.” Gartner Press Release, December 12, 2013. *http://www.gartner.com/newsroom/id/2636073*

[10] Omohundro, S. “Cryptocurrencies, Smart Contracts, and Artificial Intelligence.” Submitted to AI Matters (Association for Computing Machinery), October 22, 2014. *http://steveomohundro.com/2014/10/22/cryptocurrencies-smart-contracts-and-artificial-intelligence/.*

[11] Dawson, R. “The New Layer of the Economy Enabled by M2M Payments in the Internet of Things.” Trends in the Living Networks, September 16, 2014. *http://rossdawsonblog.com/weblog/archives/2014/09/new-layer-economy-enabled-m2m-payments-internet-things.html.*

[12] Petschow, K. “Cisco Visual Networking Index Predicts Annual Internet Traffic to Grow More Than 20 Percent (Reaching 1.6 Zettabytes) by 2018.” Cisco Press Release, 2014. *http://newsroom.cisco.com/release/1426270.*

讓我們以幾個裝置內建微型支付系統的例子來說明，在高速公路上若所有車輛都裝載了微型支付系統，正在趕時間、需要更快行駛速度的車輛就能透過微型支付系統自動與其他不趕時間的車輛協調，給予小額費用，整體來說能有效調節高速公路車況。M2M 微型支付系統若應用在無人機送貨服務上，則可以依各客戶需求協調送貨的優先順序。這種微型系統也可以應用於農業，在一個生態群（swarm）中搭載足量的感測器，當環境達到某條件（比如濕度）的臨界值，就可以使用經濟原理篩掉不相關數據，從而萃取出優先數據。

區塊鏈科技的去中心化、去信任點對點交易模式，就最基本層面來說，即代表從此交易不再需要中介或中間人。隨著人們使用去中心化、去信任機制在全球規模下進行各種（人對人、人對機器、機器對機器）交易或互動的趨勢日益顯著，這可能意味著一個截然不同的社會結構與運作模式方興未艾。僅管我們還難以預見，但這種新模式將可能逆轉當前的權力結構與社會階層，令它們失去優勢。

主流應用：可信任、可用性、易用性

由於比特幣和區塊鏈科技的發想與概念是全新且需要相對複雜的技術，因此常有加密貨幣對主流大眾來說太複雜的疑慮。然而，當初網際網路出現時也曾遭受質疑，一般而言在任何新科技剛問世時，「這是什麼？」、「如何使用？」是大眾最關心的技術細節。而這類疑問並不會阻礙人們運用新科技。

就像我們沒有必要為了發送電子郵件去鑽研 TCP/IP 協定，只要有適當、可用、可靠的前端應用出現，新科技就能為一般大眾所用，而不需要深入解釋技術細節。例如，並不是所有用戶都需要看到一串 32 位英文字母與數字的公共位址，更別說是手動輸入了。像是 Circle Internet Financial 與 Xapo 這種「主流電子錢包」公司正專為比特幣主流應用打造專屬前端應用，期許在前端可用性方面成為「比特幣的 Gmail」，攻佔比特幣錢包市佔率。

由於比特幣和電子錢包涉及金錢，用戶使用服務時會格外小心，因此更需要建立用戶信任。為了使大眾對加密貨幣與電子錢包有更深一層的認識，將有許多加密貨幣的隱私安全問題有待解決，包括如何備份錢包裡的錢、當私鑰遺失時該如何補救、如果在交易中收到被禁用的硬幣（比如，之前被竊的硬幣）而你無法擺脫它時該採取什麼動作等。這些問題正由區塊鏈科技著手解決，而目前正蓬勃發展的金融科技（Fintech），也可以將替代貨幣視為 ATM、網路銀行及行動支付等金融網路以外的另一種節點。

因為有可信且可用的前端應用，區塊鏈在貨幣方面的應用對主流社會來說較容易接受，而，除了金融領域之外的其他應用可能較為微妙。例如，虛擬公證服務應用於智慧財產權註冊、合約、遺囑或相關文件等服務，無疑具有簡單、低成本、可靠性等特性，既可以永久保存，又可以隨時查詢。然而，因為一些無可厚非的原因（律師能提供人性化的建議、心理分析或是公證服務），人們更傾向於委託律師來處理這類事務。對這些人來說，使用新科技來提升辦事效率其實沒有太大吸引力。

總之，比特幣和區塊鏈若想成為被社會大眾接受的成熟產業，很可能需要像網際網路普及模式一樣分階段進行，讓不同的潛在客群對其明確的價值主張產生共鳴，從而使人們開始使用新科技。一開始，網際網路解決了學術研究者與軍隊這種小範圍組織的合作研究需求。接著，熱衷於網路遊戲的玩家加入，最後才是大眾開始廣泛使用網際網路。

至於比特幣，目前為止早期的使用者都是關注金融與意識形態的族群，下一階段更廣泛的應用可能會源於區塊鏈技術為大部分人解決實際問題。例如，去中心化的區塊鏈 DNS（網域系統）服務可能會使某些專制國家的網路審查制度變得大為不同。同樣地在智財權市場中，區塊鏈科技可以用來註冊專利，徹底革新智慧財產權訴訟的資產保管、使用與歸屬問題。

比特幣文化：比特電影節

如果想衡量新科技在主流社會的接納程度，可以藉由觀察該科技在流行文化的位置來判斷。比特幣電影節（Bitflim Festival, *http://bitfilm.com/festival.html*）的出現，可以視為加密貨幣產業逐漸引起社會大眾關注的早期跡象。比特幣電影節播映的片單圍繞在比特幣相關主題，揭示了比特幣對大眾文化帶來的改變與影響。比特幣電影節始於 2013 年，並於 2014 年末至 2015 年初舉辦巡迴展，巡迴城市包含柏林（Bitfilm 製片公司的據點）、首爾、布宜諾斯艾利斯、阿姆斯特丹、里約與開普敦等地。參展觀眾可以使用比特幣為他們最喜歡的電影投票。Bitfilm 製片公司的業務內容不僅僅只有籌備電影盛會，另一項業務則是為區塊鏈產業製作宣傳影片（如圖 P-2）。

圖 P-2 Bitfilm 的宣傳影片

本書意義、方法論與論述架構

區塊鏈產業是一種全新的產業，目前（本書寫作於 2014 年底）正處於具有創新活力的成長階段。關於某些區塊鏈計畫的概念、專門用語、標準、關鍵角色，規範及產業風向仍在不斷變動。也許在接下來的一年，我們會發現比特幣和區塊鏈科技消失，被其他新科技取代，或者變成過時的技術。例如，區塊鏈科技的首要任務應是為消費者開發出安全的電子錢包，令加密貨幣產業不致遭受駭客頻繁攻擊。目前多重簽章（使用多重簽名來核准交易）技術被視為確保電子錢包安全的標準作法，但大多數用戶（只有早期採用者，而非主流用戶）仍未將電子錢包升級到這安全層級上。

本書旨在探索關於比特幣與區塊鏈科技更廣泛的概念、特徵與功能，以及未來可能性與應用。本書並不支援、倡導或提供任何關於產業可能性的預測。此外，本書會稍微闡述相關進階概念，至於更加精深的內容，讀者們可以在網路上找到更多資源。

區塊鏈產業目前處於不穩定的萌芽期，於發展過程中許多風險常隨之而生。有鑑於產業的快速變動，儘管在寫作中已盡了最大努力，書中某些具體細節仍可能有錯誤之處，甚至過一陣子可能有些資訊就過時了。

本書的寫作目的是為讀者描述出區塊鏈產業的整體範圍、應用情形以及發展可能性。現在即是了解底層技術的時刻：區塊鏈科技的潛在應用、危機與風險，也許更重要的是我們必須了解它的概念與延伸應用。本書將會全面地概述加密貨幣產業的性質、範疇、活動類型，並設想該產業被廣泛應用的前景。區塊鏈的帳戶必然無法完善，儘管經由技術專家們一再審查，依然容易出現技術錯誤，而且就像書中提到的或成功或失敗的專案計畫一樣，區塊鏈帳戶也可能很快就過時。或者，整個比特幣與區塊鏈科技產業也可能只是曇花一現，被未來其他科技取代。

寫作本書的參考來源是比特幣與其發展相關的各種資訊。主要來源是開發者論壇、Reddit、GitHub、podcast 頻道、新聞媒體、YouTube、部落格和 Twitter。具體的網路資源包括 YouTube、Slideshare、podcast 頻道（Let's Talk Bitcoin、Consider This!、Epicenter Bitcoin 等）、EtherCasts（以太坊）、比特幣相關新聞媒體（CoinDesk、Bitcoin Magazine、Cryptocoins News、Coin Telegraph）和相關論壇（Bitcoin StackExchangeQuora）上發佈的比特幣產業會議事項。其他來源包括與業內人士的電子郵件往來與對話討論，以及我在參與會議、比特幣研討會、Satoshi Square 交易所，以及開發人員聚會時蒐集而來的資訊與情報。

本書將分章節探討比特幣和區塊鏈科技的概念產生實際應用的三種層次：區塊鏈 1.0、區塊鏈 2.0 以及區塊鏈 3.0。首先，我將會介紹比特幣與區塊鏈的基本定義和概念，以及「區塊鏈 1.0」的核心應用：貨幣與支付系統。接著，我會解釋「區塊鏈 2.0」：超越單純貨幣的市場與金融應用，即智慧合約等應用。第三章則會闡述我構想中的「區塊鏈 3.0」：超越貨幣、金融和市場的區塊鏈應用。在這個廣泛範圍內將會出現一些公正（justice）應用，諸如區塊鏈治理，將類似 WikiLeaks 或提供

ICANN 和 DNS 服務的組織提升至去中心化的雲上，從而避免受到不公正的司法管制。

「區塊鏈 3.0」的應用也有助於智慧財產權的保障以及數位身份認證與驗證。在第四章我將會提到，「區塊鏈 3.0」還有另一種超越貨幣、金融與市場的應用，也就是如何利用區塊鏈模型為科學、基因組學、健康、學習、學術出版、開發、救助與文化等領域提供規模化、具效率、組織化與協調性等優勢。最後，在設想區塊鏈科技已被廣泛應用的前提下，我在第五章提出了一些進階概念，比如如何使滯期貨幣再次流通。

致謝

我要感謝 Andreas M. Antonopoulos、Trent McConaghy、Steve Omohundro、Piotr Piasecki、Justin Sher、Chris Tse 與 Stephan Tual。

目錄

第一章

區塊鏈 1.0：貨幣

技術堆疊：區塊鏈、協議、貨幣

比特幣（Bitcoin）一詞可能常令人困惑，因為比特幣（Bitcoin）本身就有三種定義。首先，比特幣代表了底層的區塊鏈科技平台。其次，比特幣可以指涉一種基於底層區塊鏈科技運作的協議，這種協議的功能是用來描述在區塊鏈上如何轉移資產。第三，比特幣本身就指代了一種數位貨幣，即為比特幣（Bitcoin），是最早出現也是目前規模最大的加密貨幣。

表 1-1 解釋了如何區分不同定義的比特幣。第一層是底層技術，即區塊鏈。區塊鏈是去中心化的（decentralized）、公開透明的交易紀錄帳本一區塊鏈資料庫由所有網路節點共享、由礦工（miner）更新，由全民監督，但沒有人可以擁有或控制這個資料庫。它就像一張巨大的互動式試算表（spreadsheet），每個人都可以使用和更新，並且確認這些轉移資金的數位交易是唯一的。

位於技術堆疊中層的協議，是在區塊鏈帳本中進行轉移資金的軟體系統。技術堆疊的最上層就是比特幣（Bitcoin），在交易中會以 BTC 或 Btc 表示。目前已經有數百種加密貨幣，其中比特幣最早出現，而且規模最大。其他的加密貨幣包含萊特幣（Litecoin）、狗狗幣（Dogecoin）、瑞波幣（Ripple）、未來幣（NXT）和點點幣（Peercoin）等。主要的加密貨幣可以在 *http://coinmarketcap.com/* 查詢。

表 1-1　比特幣區塊鏈的技術推疊層級

加密貨幣	比特幣（BTC）、萊特幣（Litecoin）、狗狗幣（Dogecoin）
比特幣協定與用戶	管理交易的軟體程式
比特幣區塊鏈	底層的去中心化分散式帳本

對於所有現代加密貨幣來說，區塊鏈、協議與貨幣這三個層級即是一種通用結構。通常每種貨幣都同時代表一種貨幣與一種協議，它可能在自有的區塊鏈或是基於比特幣區塊鏈上運作。例如，萊特幣在萊特幣協議上運作，而萊特幣運作於屬於萊特幣的區塊鏈上（萊特幣可視為比特幣的改良版，改善了一部分特性）。一個獨立的區塊鏈意味著該貨幣擁有屬於自己的去中心化帳本（其結構與格式與比特幣的區塊鏈帳本相同）。

另外，有一些協議，比如合約幣（Counterparty），它擁有自己的貨幣（XCP），但是運作在基於比特幣的區塊鏈上，這表示它們的交易將會登記在比特幣區塊鏈帳本上。*http://bit.ly/crypto_2_0_comp* 網頁上的表格，詳細比較了 Crypto 2.0 計畫下各個加密貨幣的相異之處。

雙重支付問題與拜占庭將軍問題

就算不考慮比特幣和區塊鏈其他許多可能的應用，單就比特幣來說，即是電腦科學領域的一項核心突破。比特幣的出現，經歷了 20 年對加密貨幣的研究與 40 年對密碼學的研究基礎上，由全世界數千位研究者共同創造而生 [1]。

比特幣解決了長期困擾數位貨幣的「雙重支付問題（double-spend problem）」。在區塊鏈加密科技出現之前，數位貨幣與其他數位資產一樣，具有無限的可複製性（就像我們可以多次保存電子郵件的附件一樣），而且如果沒有一個中心化的媒介或機構，我們無法確認一筆數位貨幣是否已被花掉。因此在交易中必須有可信賴的第三方（無論是銀行或是像 Paypal 的準銀行），藉由第三方機構保管交易帳本，可以保證每一筆數位貨幣只被使用一次。以上就是「雙重支付問題」。

另一個相關的運算難題則是「拜占庭將軍問題（Byzantine Generals' Problem）」，即在戰場上多位當事人（將軍們）並不信任彼此，需要有某種溝通機制以便達成協議 [2]。

---

1 Andreessen, M. "Why Bitcoin Matters." The New York Times, January 21, 2014. *http://dealbook.nytimes.com/2014/01/21/why-bitcoin-matters/?_php=true&_type=blogs&_r=0.*

2 Lamport, L., R. Shostack, and M. Pease. (1982). "The Byzantine Generals Problem." ACM Transactions on Programming Languages and Systems 4, no. 3: 382–401; Philipp (handle). (2014). "Bitcoin and the Byzantine Generals Problem—A Crusade Is Needed? A Revolution?" Financial Cryptography. *http://financialcryptography.com/mt/archives/001522.html;* Vaurum (handle name). (2014). "A Mathematical Model for Bitcoin." (blog post). *http://blog.vaurum.com/a-mathematical-model-for-bitcoin/.*

區塊鏈透過 BitTorrent 點對點檔案分享，結合公鑰加密技術，創造出一種新型態的數位貨幣，從而解決雙重支付問題。貨幣的所有權會記錄在公共帳本中，且藉由加密協議與挖礦社群進行確認。

區塊鏈具有「去信任（trustless）」的特徵，因為用戶並不需要信任交易中的另一方或任何中心化媒介，只需要信任這個系統：即區塊鏈協議下的軟體系統，即能進行交易。區塊鏈上的各個「區塊」即為一組組陸續被發布到帳本—也就是「鏈」—上的交易。

區塊鏈帳本可以透過區塊鏈瀏覽器（blockchain explorers）公開查詢（例如可以到 www.Blockchain.info 查詢比特幣的區塊鏈），你可以在瀏覽器中輸入一串區塊鏈位址（即一位用戶的公鑰位址，如 1DpZHXi5bEjNn6SriUKjh6wE4HwPFBPvfx），來查詢交易動向。

加密貨幣如何運作？

比特幣是錢、數位貨幣，是一種在網路上買賣物品的方式。比特幣的價值鏈由許多不同的支持者：軟體開發者、礦工、交易所、商戶服務商、電子錢包公司，以及用戶 / 消費者所組成。從個人用戶的角度來看，在硬幣交易中（為不失通用性，在此使用「硬幣」加以表述）的重要元素包括位址、私鑰與錢包軟體。位址是別人可以把比特幣送給你的地方，私鑰是一串經過加密的密碼，你可以將比特幣透過私鑰加密發送給別人。

錢包軟體則是可運作在電腦上的比特幣管理軟體（見圖 1-1）。從此，你不再需要在任何企業網站註冊一個中心化的帳戶；只要你擁有某個位址的私鑰，就可以利用這個私鑰在任何一台連接網路的電腦上（當然也包括智慧型手機）取得該位址的硬幣。錢包軟體還能保存一份區塊鏈的副本一在該幣種上發生的所有交易紀錄一作為去中心化機制的一環，得以驗證硬幣交易。附錄 A 會更加詳細地介紹如何維護電子貨幣錢包的實際例子。

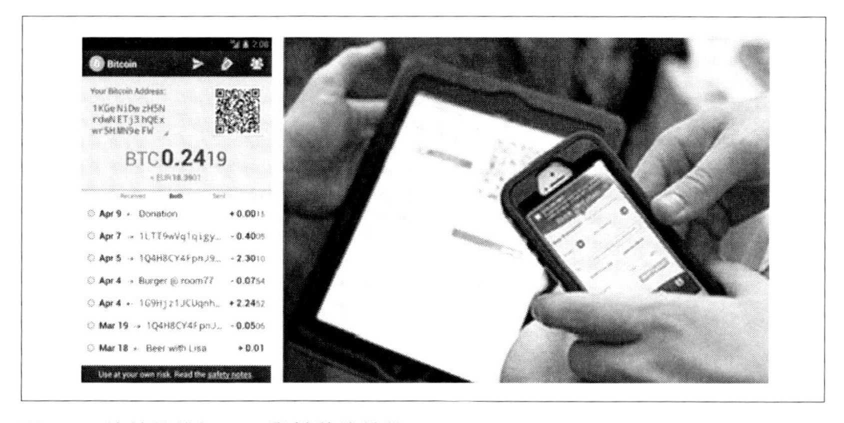

圖 1-1　比特幣錢包 app 與轉移比特幣
（圖片來源：比特幣錢包開發者與 InterAksyon）

電子錢包服務與個資隱私安全

身為負責任的消費者，我們還不習慣有關區塊鏈科技和個人資料保密的新操作方式，就像我們還不會「備份」貨幣。在電子錢包中以私鑰形式保障安全的「去中心化自主性」意味著：你再也無法打給客服取回密碼或私鑰備份。如果私鑰遺失了，那你的比特幣也就沒了。這確實可能表示比特幣尚未成熟到足以被主流接受；這也正是消費者面向的新創公司 Circle Internet Financial 和 Xapo 試圖解決的問題。

針對電子錢包開發一些標準化 app 或服務將會有不錯的商機，比方說為遺失、防偷、當機、升級後的裝置提供備份服務，這樣用戶就能透過備份服務好好搞清楚私鑰出了什麼問題，釐清究竟是人為還是外部因素造成。個資隱私安全是消費者素養中極為重要的一環，因為要在新的數位貨幣領域中保障個人資產與交易安全無虞事關重大。許多專家建議使用「混合硬幣（coin mixing）」來保障個資安全，將你自己的硬幣與其他交易混合，可以使用 Dark Coin、Dark Wallet 或 BitMixer 等服務使交易更具匿名性[3]。隨著替代貨幣市場逐漸發展，對於統一電子錢包的需求也越發強烈，因為大多數區塊鏈相關服務會要求使用者安裝一個新的獨立錢包，所以你的智慧型手機上很有可能一下子就安裝了 20 幾個不同的電子錢包。

---

[3] Cipher (handle name). “The Current State of Coin-Mixing Services.” Depp.Dot.Web, May 25, 2014. *http://www.deepdotweb.com/2014/05/25/current-state-coin-mixing-services/.*

儘管目前運作狀況尚差強人意，加密貨幣在個資隱私安全上仍舊具有許多優勢。其中最大的優勢之一在於區塊鏈是推式技術（Push technology，使用者僅對該次交易自行啟動並推送相關資訊到網路上），而不是拉式技術（Pull Technology，像是信用卡或銀行，可以在被授權的時候直接使用已儲存的使用者資訊）。確保信用卡在網路上可以安全使用的技術異於目前正在開發的區塊鏈模式。

拉式技術要求儲存使用者資訊，在本質上是一個中心化的「蜜罐（honey pot）」[譯註]，將越來越難抵擋駭客蓄意攻擊資料庫（Target、Chase、Dairy Queen 不過是近期幾個大規模身份盜竊的案例罷了）。截至 2014 年 10 月，已經有三萬多家商家接受使用比特幣付款，如 Overstock、New Egg、戴爾電腦等（詳見：*https://bitpay.com/directory#/*）。這代表你不再需要將個人資訊託付給某個中心化的企業資料庫了，同時也可能意味著以後你僅需支付低廉的交易費（比特幣交易費比起商業信用卡手續費還要低得多）。

比特幣的商業接受度

於本書撰寫之時，在美國提供商家比特幣支付服務的企業主要有 BitPay（*http://www.bitpay.com*）與 Coinbase（*http://www.coinbase.com*），在歐洲則有 Coinify（*http://www.coinify.com*）[4]。

4 Rizzo, P. "Coinify Raises Millions to Build Europe's Complete Bitcoin Solution." CoinDesk, September 26, 2014. *http://www.coindesk.com/coinify-raises-millions-build-europes-complete-bitcoin-solution/.*

譯註 蜜罐（honeypot）是一個電腦術語，專指用來偵測或抵禦未經授權操作或者是駭客攻擊的陷阱，因原理類似誘捕昆蟲的蜜罐因而得名。

然而對一般店家來說，比如咖啡店，同時使用傳統支付和比特幣支付兩套方式是很困難的，因此更為適切的解決方式應是將比特幣整合到店家的現有支付網路中。店家的 POS 系統也必須支援行動支付，比如用手機支付比特幣來購買一杯香濃的咖啡。

在 CoinBeyond（*http://www.coinbeyond.com/*）與其餘公司專注發展比特幣行動支付的同時，BitPay 與 CoinBase 已經開發出行動支付的可行方案（*http://bitpay.com/bitcoin-for-retail*）。Intuit 為中小企業開發的 QuickBooks 會計軟體，可以讓商家使用其發明的 PayByCoin 模組，收取來自 CoinBase 與 BitPay 的比特幣帳款[5]。

[5] Patterson, J. "Intuit Adds BitPay to PayByCoin." Bitpay Blog, November 11, 2014. *http://blog.bitpay.com/2014/11/11/intuit-adds-bitpay-to-paybycoin.html.*

總結：區塊鏈 1.0 的實際應用

比特幣儼然成為網際網路的通行貨幣，成為數位支付系統，甚至可能成為連結金融服務的「貨幣網路（Internet of Money）」，就像物聯網（IoT）連結機器一樣。作為貨幣與支付方式是比特幣最早也最顯著的應用。只有在經濟論證中，替代貨幣才有其意義：比特幣大大減少了全球商業付款的交易成本，將高達 3% 的手續費降至 1% 以下，光是這點就足使經濟明顯受益。對於市值高達 5140 億美金的國際匯款市場影響更是顯著，因為該市場的手續費高達 7% 至 30%[6]。此外，用戶可以從電子錢包即時收到帳款，不再需要花上幾天等待轉帳。比特幣與其模仿者可以為貨幣、交易及商業開創一條可重新定義的新出路。

更廣泛地來說，比特幣可不只是 Visa 信用卡的升級版—比特幣還允許我們做以前想都不敢想的事。作為貨幣支付手段不過是最起初的應用而已[7]，區塊鏈貨幣的核心功能是透過網際網路，只要兩個人就可以直接發起並完成任何交易。透過加密貨幣，你可以用完全去中心化、分散式、全球化的方式在個人與個人之間進行資源分配與交易。就上述特性，加密貨幣可以變成一個可程式設計的開放式網路，將所有資源的交易去中心化，遠遠超越單純的貨幣支付功能。因此，僅支持貨幣與支付功能的區塊鏈 1.0 已經拓展到區塊鏈 2.0，加以應用比特幣作為可程式設計貨幣的優勢。

---

[6] Hajdarbegovic, N. “Deloitte: Media ‘Distracting’ from Bitcoin’s Disruptive Potential.” CoinDesk, June 30, 2014. *http://www.coindesk.com/deloitte-media-distracting-bitcoins-disruptive-potential/*; Anonymous. “Remittances: Over the Sea and Far Away.” The Economist, May 19, 2012. *http://www.economist.com/node/21554740.*

[7] Levine, A.B. and A.M. Antonopoulos. “Let’s Talk Bitcoin! #149: Price and Popularity.” Let’s Talk Bitcoin podcast, September 30, 2014. *http://letstalkbitcoin.com/blog/post/lets-talk-bitcoin-149-price-and-popularity.*

與法定貨幣的關係

2014 年 11 月 12 日，比特幣價格上升至 399.40 美金，這天是比特幣開始被廣泛接受的紀念性時刻。如圖 1-2 所示，比特幣價格大幅增加，從最開始 2013 年初的 12 美金兌換 1 比特幣，一路上漲至 2013 年 11 月 29 日的 1242 美金兌換 1 比特幣，比當天的黃金交易價：每盎司 1240 美金還要高。[8] 這個價格高峰是許多因素影響的結果：其中一個就是因為 2013 年 3 月賽普勒斯爆發金融危機，帶動了大量避險需求。比特幣價格也受到中國的大量交易需求而驅動，直到在 2013 年 12 月 5 日，中國政府開始管制比特幣，取締進行比特幣交易的金融機構（而非使用者），比特幣價格開始隨之下跌[9]。

2014 年，比特幣價格逐漸從 800 美金下降到 2014 年 12 月的 350 美金。廣為盛傳但具有爭議的指標顯示：中國人民幣占比特幣全球交易量的七成[10]。不過，由於在中國的交易並沒有徵收交易手續費，所以很難評估該交易量中有多少交易具有經濟意義，故人們可以不需支付額外費用，輕鬆交易大小額度的貨幣，因而造成浮誇虛假的交易量。再加上，對於整體比特幣交易而言，許多以人民幣計價的交易其實是投機行為，因為在現實世界幾乎沒有任何商家接受比特幣，而且也很少有消費者使用比特幣消費日常商品或服務。

---

[8] Kitco News. “2013: Year of the Bitcoin.” Forbes, December 10, 2013. *http://www.forbes.com/sites/kitconews/2013/12/10/2013-year-of-the-bitcoin/.*

[9] Gough, N. “Bitcoin Value Sinks After Chinese Exchange Move.”The New York Times, December 18, 2013. *http://www.nytimes.com/2013/12/19/business/international/china-bitcoin-exchange-ends-renminbi-deposits.html?_r=0.*

[10] Hajdarbegovic, N. “Yuan Trades Now Make Up Over 70% of Bitcoin Volume.” CoinDesk, September 5, 2014. *http://www.coindesk.com/yuan-trades-now-make-70-bitcoin-volume/.*

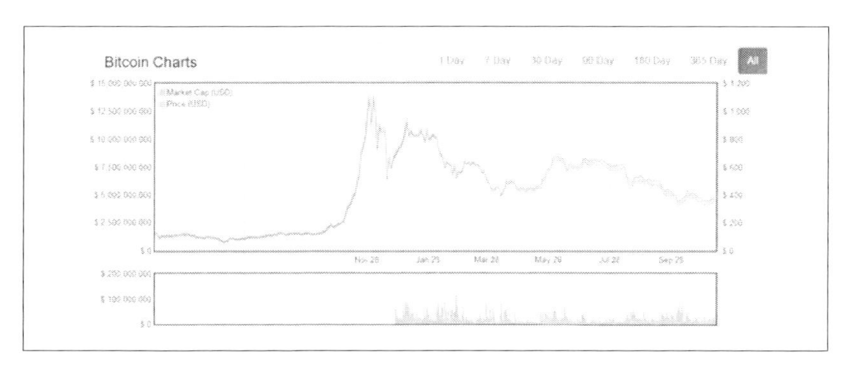

圖 1-2　自 2009 年至 2014 年 11 月的比特幣價格
（資料來源：*http://coinmarketcap.com/currencies/bitcoin/#charts*）

有些人認為價格變化與波動率是阻止加密貨幣普及的障礙之一，而一些主打減輕價格波動的企業已經開始試圖解決這問題。比如 Bitreserve（*https://bitreserve.org*）將比特幣存款鎖定在固定匯率上[11]。Realcoin（*http://realcoin.com*）的加密貨幣綁定美元匯率[12]。

Coinapult 的 LOCKS（*https://coinapult.com/locks/info*）可以讓使用者將比特率匯率與金價、銀價、美元、英鎊或歐元等綁定[13]。第一個與美元綁定的加密貨幣之一，有 Ripple 的 XRP/USD BitStamp（*https://www.ripplecharts.com/*），以及 BitShare 的 BitUSD（*http://wiki.bitshares.org/index.php/BitShares/Market_Peg*）。

[11] Vigna, P. "CNET Founder Readies Bitreserve Launch in Bid to Quell Bitcoin Volatility." The Wall Street Journal, October 22, 2014. *http://blogs.wsj.com/moneybeat/2014/10/22/cnet-founder-readies-bitreserve-launch-in-bid-to-quell-bitcoin-volatility/.*

[12] Casey, M.J. "Dollar-Backed Digital Currency Aims to Fix Bitcoin's Volatility Dilemma." The Wall Street Journal, July 8, 2014. *http://blogs.wsj.com/moneybeat/2014/07/08/dollar-backed-digital-currency-aims-to-x-bitcoins-volatility-dilemma/.*

[13] Rizzo, P. "Coinapult Launches LOCKS, Aiming to Eliminate Bitcoin Price Volatility." CoinDesk, July 29, 2014. *http://www.coindesk.com/coinapult-launches-locks-tool-eliminate-bitcoin-price-volatility/.*

有部分人認為比特幣波動率比某些法定貨幣和通貨膨脹率還要低（這點佐證了比特幣是一個相對價值更佳的選擇），再加上比特幣的許多操作可以即時和其他貨幣轉進或轉出，對其他貨幣來說，波動率高低對使用即期匯率的交易較無太大影響。比特幣的市值在 2014 年 11 月為 53 億美元（參考 *http://coinmarketcap.com/*），以近期價格（399.4 美元）乘以供應量（13,492.000 比特幣）計算而得。這已經相當於一個小國家的 GDP 了（在前 200 大世界經濟體名單中，比特幣將排在第 150 名）。不同於可以靠政府發行更多紙鈔的法定貨幣，比特幣的供應量是以事先決定（而且有上限）的比率增長。

新的比特幣會以已知規律的比例發行，目前產量大約有 1350 萬，在 2040 年將抵達 2100 萬的總量上限。以每枚比特幣幣值約為 400 美金，比特幣無法直接使用於日常生活，而實際使用的單位價格與交易通常會以子單位「千分之一比特幣（mBTC）」，（1 mBTC 約等於 0.4 美金）和「十萬分之一比特幣（Satoshi）」（1 Satoshi 約等於 0.0004 美金）計價。

監管現狀

政府管制可能是決定比特幣產業能否形成一個完全成熟的金融服務產業的最重要因素之一。自 2013 年 10 月起，少數國家開始完全禁止使用比特幣，包含：孟加拉、玻利維亞、厄瓜多、冰島（可能是因為使用 Auroracoin 代替比特幣）、吉爾吉斯與越南。中國，正如前文所提，自 2013 年 12 月起開始取締使用比特幣的金融機構[14]。德國、法國、南韓及泰國都認為比特幣不適合於該國流通[15]。歐洲銀行業當局、瑞士、波蘭、加拿大與美國仍在商議比特幣相關議題[16]。

許多國家試圖將比特幣（及數位貨幣的概念）納入各國現有的法律規範中，但經常發現數位加密貨幣並不完全適用，最後總結出加密貨幣需要一個不同的全新管制條例。目前許多國家，如英國，將比特幣劃分為貨幣種類（所以不須被徵收消費稅），但其他國家，像澳洲，根據國有化發行的相關法律條例，就無法將比特幣歸類為貨幣，因此比特幣必須被徵收 VAT 或 GST，也就是消費稅[17]。美國國家稅務局將比特幣視為財產（例如股票）而非貨幣，意即比特幣用戶有義務繳納因交易產生的資本增值稅[18]。

[14] Yang, S. "China Bans Financial Companies from Bitcoin Transactions." Bloomberg, December 5, 2013. *http://www.bloomberg.com/news/2013-12-05/china-s-pboc-bans-nancial-companies-from-bitcoin-transactions.html.*

[15] Orsini, L. "A Year in Bitcoin: Why We'll Still Care About the Cryptocurrency Even If It Fades." ReadWrite, December 30, 2013. *http://readwrite.com/2013/12/30/bitcoin-may-fade-2014-prediction.*

[16] Bitcoin Embassy. "Andreas M. Antonopoulos Educates Senate of Canada About Bitcoin." YouTube, October 8, 2014. *https://www.youtube.com/watch?v=xUNGFZDO8mM.*

[17] Robertson, M. and R. Bramanathan. "ATO Ruling Disappointing for Bitcoin in Australia." Lexology, August 21, 2014. *http://www.lexology.com/library/detail.aspx?g=aee6a563-ab32-442d-8575-67a940527882.*

[18] Hern, A. "Bitcoin Is Legally Property, Says US IRS. Does That Kill It as a Currency?" The Guardian, March 31, 2014. *http://www.theguardian.com/technology/2014/mar/31/bitcoin-legally-property-irs-currency.* See also: *http://www.irs.gov/pub/irs-drop/n-14-21.pdf.*

在稅收體系中，虛擬貨幣屬於財產而非貨幣，然而，幾乎其餘美國政府部門，包括金融犯罪稽查局（FiNCEN）、銀行業務管制部門、消費者金融保護局（CFPB）、證券交易委員會（SEC）、商品期貨交易委員會（CFTC），以及美國司法部（DOJ），都將比特幣視為貨幣[19]。

---

[19] U.S. Government Accountability Office. (2014). "Virtual Currencies: Emerging Regulatory, Law Enforcement, and Consumer Protection Challenges. GAO-14-496." Published: May 29, 2014. Publicly released: June 26, 2014. *http://www.gao.gov/products/GAO-14-496*. 其中第 12-20 頁將一一介紹相關聯邦機構（FinCEN、銀行監管機構、CFPB、SEC、CFTC 和 DOJ）如何監督比特幣或虛擬貨幣，以及相關法規。*See also:* "Virtual Economies and Currencies: Additional IRS Guidance Could Reduce Tax Compliance Risks." *http://www.gao.gov/products/GAO-13-516*.

第二章

區塊鏈 2.0：合約

自比特幣問世以來，該理論所設想的複雜度早已超過目前現有的貨幣與支付系統。追溯回其協議，協議最初即考慮過是否有可能建立一種可程式化（programmable）的貨幣與合約中本聰在 2010 年曾提及「我很多年前就在思考，是否可以讓比特幣支援多種交易類型：交易託管、履約保證、第三方裁決、多方簽名等。如果比特幣在未來能大規模發展，那麼這都是我們想探索的領域，所以在一開始設計比特幣時就必須考慮這些交易的可能性，如此在未來才有可能實現」[1]。

在第三章，你就會發現這些結構的應用將會超越金融交易的範疇，將適用於任何形式的交易，甚至是「抽象的」交易。這是因為區塊鏈的設計理念與結構非常靈活且具可拓展性。

---

1 Nakamoto, S. "Re: Transactions and Scripts: DUP HASH160 ... EQUALVERIFY CHECKSIG." Bitcointalk, June 17, 2010. *https://bitcointalk.org/index.php?topic=195.msg1611#msg1611*.

「區塊鏈 2.0」是區塊鏈產業發展的下一個重要趨勢，自 2014 年秋季開始，區塊鏈 2.0 帶來許多意想不到的應用[2]。也因為區塊鏈 2.0 正處於發展階段，所以關於它的類型、領域與認知有許多不同的見解，而分類標準與定義也正在形塑中。一些泛指區塊鏈 2.0 的術語包括：比特幣 2.0、比特幣 2.0 協議，智慧合約、智慧資產、Dapps（去中心化自主應用）、DAO（去中心化式自治組織）與 DAC（去中心化自治公司）等。

如果說「區塊鏈 1.0」是將貨幣與支付系統去中心化，那麼區塊鏈 2.0 的目的就是更廣泛地將整個市場去中心化，使用區塊鏈科技來轉換除了貨幣之外的各種資產，透過每一次轉移或分割來創造各種價值單位。

我們可以用網路協定堆疊來解釋比特幣科技背後的原理。當網路底層技術和基本裝置設定完成後，許多服務就能運作於上，就像 Amazon、Netflix 和 Airbnb 等應用，隨著科技日趨成熟，應用種類將更加複雜多元。區塊鏈 1.0 更像是位於網路架構底層的 TCP / IP 傳輸層，我們可以在上面搭載區塊鏈 2.0 協定（就像位於網路模型中應用層的 HTTP、SMTP、FTP 等協定）。區塊鏈 2.0 應用可以直接套用比特幣區塊鏈協定，或者建立專屬的區塊鏈協定，兩種方式都基於相同的去中心化三層堆疊結構：區塊鏈、協定、貨幣。不過，因為這些「新的網路通道層」正處於快速變動的發展階段，所以各式稱呼都可能隨即過時，

[2] Swanson, T. “Blockchain 2.0—Let a Thousand Chains Blossom.” Let’s Talk Bitcoin!, April 8, 2014. *http://letstalkbitcoin.com/blockchain-2-0-let-a-thousand-chains-blossom/.*

不復存在。就像過去人們曾把 Google Chrome 比作「Napster 2.0」[譯註]，或是把 Facebook 或 Adblock 視為「瀏覽器 3.0」。

區塊鏈去中心化交易帳本的核心功能是可提供註冊、確認、轉移各式合約與財產的服務。表格 2-1 列舉了一些能夠轉移至區塊鏈上的各式財產及合約。中本聰於比特幣初始即設計了交易託管、履約保證、第三方裁決與多方簽章交易的應用。事實上所有的金融交易都可以被重塑並在區塊鏈上使用，包括股票、私募基金、群眾募資、債券、共同基金、年金、養老金與各種衍生性金融商品（期貨、選擇權、交換及其他衍生物）。

表 2-1 超越貨幣的區塊鏈應用
（引自〈Ledra Capital Mega Master Blockchain List〉[3]，詳見附錄 B）

分類	實例
一般	交易託管、履約保證、第三方裁決、多方簽章交易
金融交易	股票、私募基金、群眾募資、衍生性金融商品、年金、養老金
公開紀錄	土地與產權證明、車輛登記、營業執照、婚姻證明、死亡證明
身份識別	駕照、身分證、護照、選民登記
私人紀錄	借據、貸款、合約、投注、簽章、遺囑、信託、代管契約

[3] "The Mega-Master Blockchain List," posted March 11, 2014, Ledra Capital, *http://ledracapital.com/blog/2014/3/11/bitcoin-series-24-the-mega-master-blockchain-list.*

[譯註] Napster 是早期的在線音樂服務之一。

分類	實例
認證	保險證明、所有權證明、公證文件
實體資產金鑰	住宅、飯店客房、租車、汽車使用權
無形資產	專利、商標、著作權、預約權益、域名

土地與產權證明、車輛登記、營業執照、婚姻證明、死亡證明等公開紀錄也可以轉移到區塊鏈上。也可以在區塊鏈上透過安全編碼的方式來確認駕照、身分證、護照、選民登記等數位身份。私人紀錄如借據、貸款、合約、投注、簽章、遺囑、信託、代管契約同樣可以儲存在區塊鏈上。實體資產金鑰（於第三章進一步探討）可以在區塊鏈上編碼成數位資產，包括住宅鑰匙、飯店房卡、租車鑰匙，以及私人汽車或共享汽車（如 Getaround）的使用權。

無形資產諸如專利、商標、著作權、預約權益、域名等也能透過區塊鏈保障或轉移權益。比如，在不申請商標或專利的情況下想要保護一個想法，你可以將它編碼放到區塊鏈上，因此你會得到一個具有特定日期的戳記，以此日期為證據。我們在〈數位藝術：區塊鏈認證服務（公證人、智慧財產保護）〉中有討論過。

金融服務

區塊鏈科技的主要應用之一是使用數位貨幣來串接傳統銀行及金融市場。得到創投基金挹注的 Ripple Labs 正著手以區塊鏈科技來重塑銀行業生態系，讓傳統金融機能更有效地執行業務。Ripple 的支付網路可以讓銀行業者在沒有第三方中介的情況下進行資金移轉與外匯交易，即「區域銀行現在可以將資金雙向移轉到其他區域銀行，不再需要第三方中介代為處理[4]。」Ripple 同時正在開發一個智慧合約平台與專用的程式語言 Codius（*http://codius.org/*）。

傳統銀行業結合比特幣的另一個潛在合作案例是，西班牙 Bankinter 銀行旗下的創新基金會投資了 Coinffeine（*http://www.coinffeine.com/*），這家比特幣科技公司的創業理念是讓使用者不再需要透過交易所，而可以直接自行買賣比特幣[5]。

其他企業也在著手研究如何銜接比特幣與傳統金融支付網路的解決方案。PayPal 是具啟發性的前例，因為 Paypal 平台的發展歷程與被大眾接納的情形與比特幣有相似之處。PayPal 最初對於傳統金融服務市場來說，就像現在的比特幣一樣，是一項創新的支付方案，如今 Paypal 已位於政府管制機構之列，可以蒐集並驗證使用者資料。

---

[4] Casey, M.J. "Ripple Signs First Two U.S. Banks to Bitcoin-Inspired Payments Network." The Wall Street Journal, September 24, 2014. *http://blogs.wsj.com/moneybeat/2014/09/24/ripple-signs-first-two-u-s-banks-to-bitcoin-inspired-payments-network/.*

[5] Prisco, G. "Spanish Bank Bankinter Invests in Bitcoin Startup Coinffeine." CryptoCoins News, updated November 17, 2014. *https://www.cryptocoinsnews.com/spanish-bank-bankinter-invests-bitcoin-startup-coinffeine/.*

起先 PayPal 被視為金融創新的先鋒，但日後逐漸轉型成（中心化）企業導向，失去了在新興的比特幣領域中搶佔市場領先地位的可能性。目前 PayPal 也正在逐步接納比特幣，截至 2014 年 9 月，Paypal 有三個主要合作夥伴：BitBay、Coinbase 與 GoCoin[6]。同樣在 2014 年 9 月，Paypal 旗下的一家行動支付服務商 Braintree（於 2013 年併購）推出一項全新功能：用戶可以用比特幣支付 Airbnb 房租和 Uber 車資[7]。

「比特銀行」是另一種與傳統金融服務相交集的合法比特幣應用。比特幣交易所 Kraken（*https://www.kraken.com/*）已與銀行合作，提供符合法規的比特幣金融服務[8]。顯然為了因應比特幣，一些傳統金融商品與服務需要進行模擬分析和創新，例如比特幣儲蓄帳戶與比特幣借貸（可能依照部分儲金制由用戶自訂規則）。BTCjam（*https://btcjam.com/*）正是這種典型區塊鏈導向去中心化 P2P 借貸服務。Tera 交易所（*http://teraexchange.com/*）推出了第一個符合美國法規的比特幣交易所，讓機構與個人投資者可以透過線上交易平台購買比特幣合約。該交易所提供 Tera Bitcoin 價格指數，作為交易美元 /XBT 合約的衡量基準[9]。

---

6 Mac, R. "PayPal Takes Baby Step Toward Bitcoin, Partners with Cryptocurrency Processors." Forbes, September 23, 2014. *http://www.forbes.com/sites/ryanmac/2014/09/23/paypal-takes-small-step-toward-bitcoin-partners-with-cryptocurrency-processors/.*

7 Bensinger, G. "eBay Payments Unit in Talks to Accept Bitcoin." The Wall Street Journal, August 14, 2014. *http://online.wsj.com/articles/ebay-payment-unit-in-talks-to-accept-bitcoin-1408052917.*

8 Cordell, D. "Fidor Bank Partners with Kraken to Create Cryptocurrency Bank." CryptoCoins News, updated November 2, 2014. *https://www.cryptocoinsnews.com/fidor-bank-partners-kraken-create-cryptocurrency-bank/.*

9 Casey, M.J. "TeraExchange Unveils First U.S.-Regulated Bitcoin Swaps Exchange." The Wall Street Journal, September 12, 2014. *http://teraexchange.com/news/2014_9_12_Tera_WSJ.pdf.*

在這領域中，還有一間名為 Vaurum（*https://vaurum.com/*）新創公司，為金融機構架設 API，提供傳統證券經記人與銀行客戶存取比特幣。新創公司 Buttercoin（*https://buttercoin.com*）的定位是一個比特幣交易平台，專門處理大額比特幣交易（20 萬到 50 萬比特幣，即 7000 萬～ 1 億 7500 萬美元），目標用戶是需要完成大規模比特幣交易的商業客戶 [10]。Buttercoin 為 Wedbush 證券公司的合作夥伴，而這間公司即是第一批研究與接受比特幣付款的證券分析機構。

許多創投公司極度抵制那些在美國主流股票交易市場中不受人為管制的壟斷企業，如儲蓄信託公司（Depository Trust Company）、國家證券清算公司（National Securities Clearing Corporation）或美國存管信託和清算公司（DTCC, *http://www.dtcc.com/*）等壟斷企業。Overstock 的 CEO 派崔克・伯恩與 Counterparty 創立了新的合資公司 Medici，於 2014 年 10 月宣布，他們將會推出區塊鏈導向的去中心化股票市場 [11]。

[10] Rizzo, P. “Buttercoin Bids to Take US Business from Global Bitcoin Exchanges.” CoinDesk, November 5, 2014. *http://www.coindesk.com/buttercoin-bids-take-us-business-global-bitcoin-exchanges/.* See also: *https://www.wedbush.com/sites/default/files/pdf/2014_11_14_Buttercoin_WEDBUSH.pdf.*

[11] Metz, C. “Overstock.com Assembles Coders to Create a Bitcoin-Like Stock Market.” Wired, October 6, 2014. *http://www.wired.com/2014/10/overstock-com-assembles-coders-build-bitcoin-like-stock-market/.*

群眾募資

群眾募資是另一個體現區塊鏈導向的去中心化模型如何重塑金融服務的典型例子。靈感來源是像 Kickstarter 的群眾募資模式，可以為新創公司提供除了傳統創投資金之外的募資來源。過去的群眾募資案必須透過 Kickstarter 或 Indiegogo 這類中心化的第三方平台發起，而區塊鏈導向的群眾募資平台則不再需要第三方作為中介。新創公司可以在區塊鏈導向募資平台發行專屬數位貨幣來募集資金，也可以分配「數位股權」給早期支持者。參與群眾募資案的投資者，將會從投資的新創公司得到代表股份憑證的代幣 [12]。

知名的數位貨幣募資平台 Swarm（*https://www.swarm.co/*），是一間數位貨幣導向的新創公司孵化器，2014 年 7 月即募資達 100 萬美元 [13]。持有專屬數位貨幣 Swarmcoin 的投資者可以從 Swarm 的投資組合收益中獲利 [14]。Swarm 旗下已有五個優秀專案發起群眾募資，分別是：智慧無人機網路開發商 Manna、去中心化數位貨幣運作平台 Coinspace、去中心化組織管理軟體平台 Swarmops、去中心化遊戲平台 Judobaby，以及去中心化派對概念娛樂 DDP[15]。

---

[12] Ayral, S. "Bitcoin 2.0 Crowdfunding Is Real Crowdfunding." TechCrunch, October 17, 2014. *http://techcrunch.com/2014/10/17/bitcoin-2-0-crowdfunding-is-real-crowdfunding/.*

[13] Hofman, A. "Bitcoin Crowdfunding Platform Swarm Announces First Decentralized Demo Day." Bitcoin Magazine, September 30, 2014. *http://bitcoinmagazine.com/16890/bitcoin-crowdfunding-platform-swarm-announces-first-decentralized-demo-day/.*

[14] Casey, M.J. "BitBeat: Apple Loves Bitcoin Again, Maybe." The Wall Street Journal, June 30, 2014. *http://blogs.wsj.com/moneybeat/2014/06/03/bitbeat-apple-loves-bitcoin-again-maybe/.*

[15] Higgins, S. "Crowdfunding Platform Swarm Announces First Class of Startups." CoinDesk, October 17, 2014. *http://www.coindesk.com/swarm-first-class-startups-crowdfunding-platform/.*

另一個群眾募資平台 Koinfy（*https://koinify.com/*），目前旗下只有一個去中心化社交網路專案 Gems（*http://getgems.org/*）。Koinfy 與一家名為 Melotic 的電子錢包 / 資產交易平台（*https://www.melotic.com/*）合作，希望實現去中心化的應用商城[16]。諷刺的是，或者這可能是中心化與去中心化融資時代來臨的信號，Koinfy 拿到來自傳統創投的 1 百萬美元融資，作為發展旗下募資平台的啟動資金[17]。還有一個名為 Lighthouse 的專案（*http://bit.ly/lh_project*），目標讓使用者可以直接在比特幣錢包內發起募資案或保証合約。在日本，比特幣群眾募資網站 bitFlyer 已經上線，bitFlyer 屬於綜合群眾募資網站 fundFlyer（*http://fundflyer.bitflyer.jp/*）旗下子專案[18]。

群眾募資是比特幣產業會議的熱門討論議題，專家們經常爭論它的合法性。反對者們抱怨目前沒有任何法律保障參與群眾募資所取得的股權是否具合法性，而且許多群眾募資的方式可能違反證券相關法規。Swarm 及 Koinfy 等群眾募資平台或是像一次性募資的以太坊，提供的解決方案是販售非股權專案，如優先軟體使用的早鳥權利。然而，這些作法多少有些不真誠，因為實際上就許多例子來說仍是在銷售股票。結果到頭來，早期投資者除了得到早鳥使用權外，並不享有額外權益。所以，若想要合法地在去中心化平台發起與數位貨幣相關的募資案，需要更加有效的規約與制衡。

[16] Rizzo, P. “How Koinify and Melotic Plan to Bring Order to Crypto Crowdsales.” CoinDesk, November 14, 2014. *http://www.coindesk.com/koinify-melotic-plan-bring-order-crypto-crowdsales/.*

[17] Higgins, S. “Koinify Raises $1 Million for Smart Corporation Crowdfunding Platform.” CoinDesk, September 17, 2014. *http://www.coindesk.com/koinify-1-million-smart-corporation-crowdfunding/.*

[18] Southurst, J. “BitFlyer Launches Japan’s First Bitcoin Crowdfunding Platform.” CoinDesk, September 10, 2014. *http://www.coindesk.com/bitflyer-launches-japans-first-bitcoin-crowdfunding-platform/.*

比特幣預測市場

新舊技術結合的果實之一是比特幣預測市場，比如 Predictious（*https://www.predictious.com/*）以及 Fairlay（*https://www.fairlay.com/*）[19]。比特幣預測市場提供用戶投注場所，可以對世界中可能發生的事件進行結果預測，諸如選舉結果、政治立法、運動賽事及科技產品發佈等一般預測市場的投注專案都可以在此找到。

同時比特幣預測市場也可以為區塊鏈行業的發展提供有效資訊來源。比特幣預測市場也是一個觀察業內人士如何看待比特幣價格趨勢、不同的加密貨幣、區塊鏈 2.0 協定計畫以及行業熱門話題（諸如什麼時候會出現硬分叉（Hardfork）使所有節點升級？或是採礦演算法的難度層級等比特幣科技發展的相關議題）的管道。

[19] Swan, M. "Singularity University Live Prediction Markets Simulation and Big Data Quantitative Indicators." Slideshare, updated July 11, 2014. *http://www.slideshare.net/lablogga/singularity-university-live-prediction-markets-simulation-big-data-indicators.*

智慧資產

區塊鏈可以應用於資產註冊、庫存清冊和交易，應用範圍涵蓋金融、經濟與貨幣的各種領域、實體資產、無形資產（選票、想法、聲望、健康紀錄與資訊等）。在涉及貨幣、市場與金融交易的範疇中區塊鏈科技可以提供多種類、跨行業的應用功能。經區塊鏈編碼的智慧資產就可以透過智慧合約進行交易。

智慧資產泛指所有以區塊鏈為導向的可交易資產。這些資產可能是真實存在的實體資產，如住宅、汽車、腳踏車或電腦，也可能是像股票、預約、著作權（如書籍、音樂、畫作及數位藝術）的無形資產。Swancoin（*http://bit.ly/swancoin*）就是使用區塊鏈來掌控與轉移藝術品的例子，總共有 121 幅 30x30 公分大小的畫作可以在比特幣區塊鏈上購買或轉讓（參考圖 2-1）。

任何資產都可以在區塊鏈上註冊，而所有權就屬於擁有私鑰的人，擁有者可以藉由轉移私鑰給另一方來出售資產。智慧資產的所有權可以透過區塊鏈掌控，並依從現行法律訂立合約。舉例來說，預先訂立的智慧合約可以在某人完全償還貸款後（這項行為也可以透過其他區塊鏈導向的智慧合約自動確認），自動將車輛所有權從財務公司轉移到個人名下。同理，智慧合約也可以將貸款利率（經另一項智慧合約檢查具有合約編碼的指定網站或檔案後）自動重置。

圖 2-1　Swancoin：限量發行的數位資產藝術作品
（圖片來源：*http://swancoin.tumblr.com/*）

智慧資產的核心思想是將各種資產在區塊鏈上註冊轉換為數位資產的所有權及存取權，並取得相應的私鑰。有些實體資產可以區塊鏈控制，如智慧型手機可以在確認使用者在區塊鏈上的數位身分後自動解鎖。還有現實世界的門禁系統，如車輛或住宅門鎖可以搭載嵌入式「智慧物體（smart matter）」，如軟體代碼、感測器、QR 碼、NFC 標籤、iBeacons、Wifi 等，就可以即時驗證用戶的軟硬體身份識別設備並與該資產配對。

當用戶暫時無法提供驗證設備時，可以傳送即時需求到區塊鏈上，這時智慧合約可以送出確認訊息或驗證機制到該實體資產或用戶的電子錢包中，如用戶可以用一次性 QR 碼來發動租來的車輛或進入飯店房間。區塊鏈技術可以改造現有的身份驗證與安全取用機制，以更靈活且優雅的方式整合硬體科技與網路數位導向的軟體科技，完善回應用戶的即時需求[20]。

[20] Swan, M. “Identity Authentication and Security Access 2.0.” Broader Perspective blog, April 7, 2013. *http://futurememes.blogspot.com/2013/04/identity-authentication-and-security.html.*

使用區塊鏈進行交易的智慧資產是一個全新概念。我們還不習慣將那些以代碼自動執行的加密資產視為產權的一種。這種自動執行的代碼被底層代碼綁定且不可移除。指定轉移資產時只能以編碼的方式寫入（而不是整個改寫）。因此，區塊鏈導向的智慧資產，可能促使我們廣泛建構去信任的去中心化資產管理系統，並透過加密方式啟動資產。這也許會對物權法適用範圍帶來極大效用—在資產本體上記錄所有權，將大大簡化所有權的管理。

去信任借貸（*trustless lending*）

區塊鏈科技的去信任網路是發展智慧資產與智慧合約的關鍵推動因素。智慧資產對信任機制要求極低，可以避免詐欺發生與降低中介手續費，更重要的是這讓原本也許不可能發生的交易發生，因為交易方不需要互相認識或信任就可以進行交易。舉例來說，這讓陌生人可以在網路上借錢給你，而你可以抵押智慧資產，這樣的模式將大幅降低借貸成本，讓借貸行為更具競爭力。[21] 此外，在去信任網路中智慧合約的自動執行特性將大幅減少可能出現的交易糾紛。合約糾紛一直是美國與英國訴訟官司的大宗，分別佔 44% 與 57%，而這些糾紛在可以自動執行的智慧合約面前都可以避免，交易方還能更精確地訂定合約細項。[22] 數位貨幣與智慧合約專家

[21] Szabo, N. "Formalizing and Securing Relationships on Public Networks." First Monday, September 1, 1997. *http://rstmonday.org/ojs/index.php/fm/article/view/548/469* as expounded by Hearn, M. (2014). Bitcoin Wiki. *https://en.bitcoin.it/wiki/Smart_Property.*

[22] Swanson, T. Great Chain of Numbers: A Guide to Smart Contracts, Smart Property, and Trustless Asset Management.

尼克・薩伯（Nick Szabo）指出，不良的決策（如非理性決策）而導致的普遍問題都可以藉由如智慧合約的自動執行機制來改善。

彩色幣（*colored coin*）

彩色幣（*http://coloredcoins.org/*）是區塊鏈導向的智慧資產早期應用之一。「被上色」或「被標記」的比特幣對應著某一特定資產，或者透過在比特幣交易中的交易備忘錄發行彩色幣。這就好像給某人一張 1 美元鈔票，並附上一張寫了其他資產（如一輛汽車）的借據。透過這種方式，這些代表其他資產的特定比特幣可以在區塊鏈上安全交易。不過這種模式還需要一些信任基礎：在雙方同意下在交易備忘錄上寫下該資產。因此，彩色幣只能於特定社群流通，功能是可以兌換實體或數位資產或服務的點數或代幣。彩色幣的基本概念是被上色的比特幣可以指涉特定數位或實體資產，如此一來區塊鏈就可以進行更為複雜的交易活動，比如資產交易以及在社區群內的各種活動，好比投票、給小費或在論壇中評論等等[23]。

[23] Hajdarbegovic, N. “Coinprism Releases Colored Coins Android App for Mobile Asset Transfer.” CoinDesk, October 20, 2014. *http://www.coindesk.com/coinprism-mobile-wallet-colored-coins/*.

智慧合約

當智慧資產開始被討論時，智慧合約也跟著出現了。在區塊鏈裡，合約或智慧合約代表區塊鏈交易已經超越了單純的買賣貨幣，而是將有更加廣泛的指令可以嵌入到區塊鏈上。在更正式的定義中，一個合約就是在區塊鏈上使用比特幣與某人達成某種協議。傳統意義上的合約是指雙方或多方共同協議做或不做某事來換取某種東西。合約中的任何一方都必須信任彼此並履行義務。

智慧合約的特性是，同樣是彼此之間同意或不同意做某事，但是無須再信任彼此。這是因為智慧合約不但由代碼定義，也是由代碼（強制）執行的，完全自動且無法被干預。

事實上，智能合約之所以能達到這種境界是因為三種要素：自治、自足和去中心化。自治表示合約一旦啟動就會自動運作，不需要合約的發起者進行任何干預。其次，智能合約能夠獲取資源達到自足，也就是說，透過提供服務或者發行資產來獲取資金，當需要時（電力或儲存空間需求）就可以使用這些資金。最後，智慧合約是去中心化的，也就是說它們並不依賴單個中心化的伺服器，而是分散在各個網路節點自動運作[24]。

---

[24] De Filippi, P. "Primavera De Filippi on Ethereum: Freenet or Skynet? The Berkman Center for Internet and Society at Harvard University." YouTube, April 15, 2014. *https://www.youtube.com/watch?v=slhuidzccpl.*

用一個具象的說法來比喻智慧合約，我們可以把它看成一部「由代碼編寫且能自動運作的自動販賣機」。不同於人的行為，自動販賣機的行為是可以計算出來的：相同的指令行為總是會得到相同的結果。當你塞入一些錢並做出選擇後，你選擇的物品就會掉出。機器絕不可能違反預設程式來執行，也不會只執行一部份指令（除非機器損壞）。智慧合約也是如此，它一定會按照預先設定的代碼來執行。在區塊鏈和智慧合約的世界中，「代碼即法律」，無論怎麼編寫，它都會被執行。在某些情況下這可能好壞參半，無論是好是壞，這都代表一種全新的情況，而我們的社會在智慧合約普及之前還有一段較為漫長的適應期。

這種基於加密演算法的智慧合約及相關體系，如果想要啟動資產，還需要考量許多細節。也許我們還需要全新的法律及相關規定，來分辨透過代碼建立的合約與由人類建立具司法約束力的合約之間的異同[25]。只有基於人類約定而建立的合約才會有遵守或違反的情形，基於區塊鏈以及任何基於代碼的合約都不存在這種問題。此外，智慧合約將不僅僅影響到合約法，更可能影響存在整個社會的其他社會性契約。

我們需要決定並界定哪些社會性契約更需要「代碼法律」，即根據代碼自動執行且運作不受外力影響。因為依照目前所頒布的法律，幾乎不可能讓智慧合約強制執行（例如一個去中心化的代碼樣本在事後將難以控制、監管或要求賠償損失），現有的法律框架在本質上會把這種行為下降到傳統合約的水準。當然，

[25] 同前。

代碼法律的最終目標並不是達到沒有法律或無政府狀態，而是讓法律框架可以根據具體情況變得更加精細化與個性化。各方可以透過協商來選擇某個法律框架以建立一個合約並將它寫入代碼中。經各方認識且審核過的法律框架範本，類似「創作共用許可證（Creative Commons Licenses）」，用戶在訂定智慧合約時可以選擇其中一個作為法律框架。所以，可能會有許多類型的法律框架出現，就像有許多貨幣一樣。

智慧合約並不是意味著能夠實現以前我們做不到的事情，事實上，它們是以最大限度減少信任的方式來解決一些常見問題。最小化信任可以讓事情變得更加便利，因為智慧合約透過全自動執行替代了人的自主判斷。

基於區塊鏈的智慧合約的應用例子就像這樣：當某個孫輩到了 18 歲或是祖父母死亡當天，智慧合約就會自動執行繼承財產的指令。這個交易事件可以寫入區塊鏈中，當未來某個事件發生或是到了某個時間點時，交易被觸發。需要設定第一個條件：孫輩在 18 歲時收到一份遺產，程式需要設定執行交易的具體日期，包括確認這項交易是否已經被執行等指令。第二個條件：程式需要掃描線上死亡登記資料庫，或某個預先指定的線上報紙告訃告區，或是某種可以證明祖輩已經過世的「準則」。當智慧合約確認了死亡資訊，它就會自動發送資金[26]。在丹尼爾·蘇亞雷斯（Daniel Suarez）的科幻小說《網路殺神（Daemon）》中即勾畫了這種因某角色死亡而執行的智慧合約。

---

[26] GSB Daily Blog. "Bitcoinomics, Chap. 11: The Future of Money and Property or the Gospel Of Layers." GoldSilverBitcoin, August 18, 2013. *https://www.goldsilverbitcoin.com/future-of-money-bitcoinomic/.*

智慧合約的另一種應用是建立投注的自動付款機制（就像金融市場的限價指令）。智能合約或程式可以設定當某個市場達到指定價格時就觸發付款行為，觸發條件也可以設定為某個現實世界的事件（比如某種新聞事件、運動賽事的冠軍等）。

智能合約也可以被應用在像 Kickstarter 的群眾募資平台上。用戶可以將某些條件寫入區塊鏈中，例如只有當募資金額達標時，才能將募集到的比特幣從投資者的電子錢包中提領，而且只有當所有資金都到位後才能確認交易完成。此外，創業者的預算、開銷、資金消耗率等數據都可以透過區塊鏈位址進行追蹤。

區塊鏈 2.0 協定專案

儘管「區塊鏈 2.0 協定專案」（參考表 2-2）的分類可能不夠適切，但我們可以將許多新一代的區塊鏈開發專案廣泛歸納在這個分類中。表 2-2 大致列出目前的知名專案。

表 2-2　區塊鏈 2.0 專案簡表
（資料來源：*Piotr Piaseki*，*http://bit.ly/crypto_2_0_comp*）

比特幣 2.0 專案名稱與網址	專案簡介	技術說明
Ripple *https://ripple.com/*	門戶、支付、交易、匯款網路；智慧合約系統：Codius	單獨的區塊鏈
Counterparty *https://www.counterparty.co/*	貨幣發行與交易的疊加協定	疊加於比特幣區塊鏈之上
（以太坊）Ethereum *http://ethereum.org/*	通用的圖靈完備數位貨幣平台	自開發的區塊鏈：以太坊虛擬機器
Mastercoin *http://www.mastercoin.org/*	衍生性金融商品	疊加於比特幣區塊鏈之上
NXT *http://www.nxtcommunity.org/*	使用股份證明共識機制挖礦的競爭幣	單獨的區塊鏈
Open Transactions *http://opentransactions.org/*	具有不可追蹤性、匿名性、不可延遲交易等特性	沒有區塊鏈；交易庫
BitShares *http://bitshares.org/*	去中心化數位股權交易所	單獨的區塊鏈
Open Assets *https://github.com/OpenAssets*	發行彩色幣與專屬電子錢包	疊加於比特幣區塊鏈之上
Colored Coins *http://coloredcoins.org/*	可交易數位或實體茲慘的比特幣資產市場	疊加於比特幣區塊鏈之上

電子錢包開發專案

目前在區塊鏈領域的主要應用是開發電子錢包。電子錢包是加密貨幣的核心基本要素，提供保管、轉移比特幣與任何加密資產的安全機制。表 2-3 條列了不同的電子錢包專案與開發公司，包括專案名稱、網址及基礎架構。

表 2-3　電子錢包專案列表

專案名稱	網址	基礎架構
電子錢包專案		
ChromaWallet	*http://chromawallet.com/*	開放式資產
CoinSpark	*http://coinspark.org/*	開放式資產
Counterwallet	*https://counterwallet.io/*	Counterparty
開發公司		
Coinprism	*https://www.coinprism.com/*	開放式資產
Melotic	*https://www.melotic.com/*	可以使用比特幣交易指定數位資產（如 Storcoin、LTBCoin 等）
OneWallet	*https://www.onewallet.io*	比特幣市場與比特幣錢包

區塊鏈開發平台與 API

除了區塊鏈 2.0 開發專案之外，還有許多不同開發專案與開發平台提供方便開發區塊鏈應用的工具。Blockchain.info（*https://blockchain.info/api*）是一個目前最大的電子錢包服務網，它提供多種可相容自家電子錢包軟體的 API，可以用來收發比特幣或進行其他操作。用戶可以使用 Chain（*https://chain.com/*）的介面呼叫在區塊鏈所有結點上的可用數據，或是查詢特定位址的比特幣餘額，並在該位址出現交易行為等活動時接收通知。

Stellar（*https://www.stellar.org/*）是一個由閘道機制管理（而不是礦工）的類去中心化公共帳本平台，同時也是連結 Stripe 支付網路的統一 API 開發平台，如區塊鏈 API、多重簽章 API 等[27]。與 Stellar 類似的 API 開發平台有 Block.io（*https://block.io*）、Gem（*https://gem.co/*），以及 BlockCypher（*http://www.blockcypher.com/*），它們皆提供電子錢包的多重簽章 API。

未來將會更加需要統一的 API 開發環境，以便支援正在快速發展的多樣化區塊鏈生態系統（如檔案儲存、檔案服務、訊息傳輸、錢包互動、行動支付、身份認證及聲望機制）。區塊鏈開發環境也可以結合 M2M 通訊或物聯網設施，加速應用開發。我們可以以下例子想像未來區塊鏈的進階整合應用：利用智慧型手錶串連智慧城市的交通感測器數據，接著以比特幣計價的智慧合約來保留道路空間並支付使用費。

---

[27] Carney, M. Growing Pains: Stellar Stumbles Briefly Amid Its Launch of a New Crypto-Currency Platform." PandoDaily, August 5, 2014. *http://pando.com/2014/08/05/growing-pains-stellar-stumbles-briey-amid-its-launch-of-a-new-crypto-currency-platform/.*

區塊鏈生態系統：去中心化儲存、通訊與運算

區塊鏈導向的去中心化生態系統需要一套完整的運作解決方案。區塊鏈除了提供去中心化交易帳本功能外，作為一個龐大的運算體系，區塊鏈還能提供儲存、通訊、檔案服務及存檔服務。有一些正處於開發階段的區塊鏈解決方案，例如 Storj 提供各式檔案（諸如文本、圖像、音檔或多媒體檔案）的儲存服務、IPFS 提供檔案服務、連結管理及保存服務。Maidsafe（*http://maidsafe.net/*）和以太坊則提供儲存、通訊與檔案服務等。

首先，關於儲存功能，最需要的就是回應安全、去中心化、鏈外的檔案儲存需求，讓像是電子病歷（Eletronic Medical Record, EMR）或基因組、亦或是任何常見的 Word 文件，可以不受比特幣交易中 OP_Return 的 40 位元檔案限制，甚至是 Florincoin 的 528 位元限制。檔案儲存既可以存放在中心化架構（如 Dropbox 或 Google Drive），也可以放在區塊鏈的去中心化架構中。在區塊鏈上的數位資產交易可以附加一個指示器，並提供存於鏈外的文檔取得方法及權限。

其次，在檔案服務方面，IPFS（*http://ipfs.io/*）針對去中心化安全檔案服務提出了一個有趣的技術方案，IPFS 的全稱是 InterPlanetary File System，旨在實現一個全球性的永久文件存取系統來解決檔案連結失效的問題，而這已經遠遠超過目前區塊鏈科技的功能性。BitTorrent 點對點檔案分享技術已經合併到 Git 的版本功能中（一開始先應用於軟體，接著「可證實版本」

的概念被廣泛應用於任何數位資產）。因此，IPFS 是一個跨足全球範圍，具版本迭代性的點對點檔案系統，不再需要透過中心化資料庫，即從網路上任何一處或多處提出需求或者提供檔案，並透過特定的雜湊值來確認檔案完整性，確定檔案中沒有垃圾信件或病毒[28]。IPFS 與比特幣技術架構和風氣相同，用戶可以藉由提供檔案共享結點得到獎勵的 Filecoin。

再來，在檔案保管方面，一個完整的區塊鏈生態系統也需要考量區塊鏈的預期壽命，以及當生命週期結束時的處理措施。我們不能假定區塊鏈可以永久存在，也不可忽視保存和取用區塊鏈的重要性。區塊鏈也需要像是 Internet Archiive（*https://archive.org/*）或 Wayback Machine 的存檔系統來加以保存。

不僅需要保存區塊鏈公共帳本，同時我們也需要一種可以在日後復原或控制記錄了早期交易的區塊鏈的方式（就像某些區塊鏈可能經過特殊的雜湊運算），因為這些區塊鏈極有可能不再運作了。舉例來說，當某個人於 2014 年在比特幣區塊鏈上建立了遺囑的存在證明，但我們要如何確定 60 年後當這份遺囑需要被執行時，它可以被再次雜湊運算與認證呢？如果區塊鏈想成為整個社會通用的檔案保存機制，那麼勢必要在區塊鏈中建立長期、可保存的檔案存取機制。此外，保存了不再使用的區塊鏈與考量了區塊鏈產品生命週期的這類工具，也可以促進主流大眾使用區塊鏈。

---

[28] Benet, J. "IPFS—Content Addressed, Versioned, P2P File System (DRAFT 3)." Accessed 2014. (no publishing or posting data available) *http://static.benet.ai/t/ipfs.pdf*

以太坊：圖靈完備的虛擬機器

區塊鏈科技將來自不同領域的概念與操作結合在一起，包括電腦運算、通訊網路、加密學以及人工智慧等。在中本聰的初始計畫有三個階段，而區塊鏈 1.0 只實現了其中兩個：區塊鏈（去中心化公共交易帳本）與比特幣協定（雙方不需要第三方中介即可進行價值轉移的交易系統）。這對於區塊鏈 1.0 的貨幣與支付交易的應用來說已經相當不錯，但是對於區塊鏈 2.0 應用，諸如記錄與轉移智慧資產或智慧合約等更加複雜的資產，還需要實現第三階段：更加強大的腳本系統。最終，達到「圖靈完備」的狀態，即能夠讓任何貨幣、協定或區塊鏈運作的能力。中本聰所設想的方案不僅僅只是從 A 點發送貨幣到 B 點，而是讓貨幣「可程式化」，可以編寫程式來設置各種功能。有一個區塊鏈的基礎架構專案，旨在提供圖靈完備的程式語言與應用平台，這專案正是「以太坊（Ethereum）」。

以太坊是分散式應用的開源平台與程式語言，更重要的是，以太坊是一個圖靈完備的虛擬機器，表示它可以運行任何貨幣、腳本或加密貨幣計畫。因此，以太坊是一個通用的加密貨幣基礎框架。不同於某種區塊鏈，或是在某區塊鏈上運作的協定，或是在某協定之上運作的後設協議（metaprotocol），以太坊是一個基礎架構平台，可以運作所有區塊鏈和協定，更像是一個一致通用的開發平台。在以太坊網路上的所有完整節點都會參與以太坊虛擬機器（Ethereum Virtual Machine, EVM）的運作，無縫並分散地執行程式（智慧合約）。

以太坊本身是無關區塊鏈或協定的底層平台，提供應用開發者編寫智慧合約，可以調用其他多個區塊鏈、協定或加密貨幣。以太坊有專屬的分散式生態系統，包含檔案服務、訊息傳遞與信譽擔保系統等。第一個應用專案 Swarm 提供去中心化的檔案服務（這是「以太坊 -Swarm」，不要與群眾募資網站 Swarm 搞混了）。第二個則是 Whisper，是一個關於秘密通訊與數位加密的點對點協定（同樣也別和其他類似名稱的專案混淆）。第三個專案是一個信譽系統，可以在去信任網路中建立信譽並將降低交易風險，可能是由 TrustDavis 開發 [29]，或是由黑客松專案 CryptoSchwartz 中延伸出來的 [30]。

Counterparty 重新建構以太坊智慧合約平台

2014 年 11 月，Counterparty 宣布他們以經把以太坊的開源程式語言移植到自家平台上 [31]。這表示 Counterparty 在比特幣區塊鏈上重新建構了以太坊，如此一來，這類型的智慧合約就不再需要等預計於 2015 年 Q1 發佈的以太坊區塊鏈上才能發佈或挖礦操作了。

---

[29] Atkin, A. "TrustDavis on Ethereum." Slideshare, June 19, 2014. *http://www.slideshare.net/aatkin1971/trustdavis-on-ethereum.*

[30] Galt, J. "Crypto Swartz Will Get You Paid for Your Great Content." The CoinFront, June 23, 2014. *http://thecoinfront.com/crypto-swartz-will-get-you-paid-for-your-great-content/.*

[31] Prisco, G. "Counterparty Recreates Ethereum on Bitcoin." CryptoCoins News, updated November 12, 2014. *https://www.cryptocoinsnews.com/counterparty-recreates-ethereum-bitcoin/.* See also: "Counterparty Recreates Ethereum's Smart Contract Platform on Bitcoin." Counterparty Press Release. *http://counterparty.io/news/counterparty-recreates-ethereums-smart-contract-platform-on-bitcoin/.*

這項宣布象徵著開源軟體促進了區塊鏈產業的活躍與快速創新，多數的區塊鏈專案包括以太坊和 Counterpary 的軟體都是開放原始碼。任何人或專案都可以自由研究這些代碼，或與其他專案共同運作，並納入自己的應用開發專案中。這正是開放原始碼軟體的主張。這表示好的點子可以更快速被採用，透過迭代以更加標準化，透過他人檢視與再應用讓點子變得更好。

以太坊和 Counterparty 都對區塊鏈科技與去中心化抱有宏大願景，在發展初期建立基礎架構來幫助其他人向下一階段推進。[32] 鑑於區塊鏈產業中許多協定與平台功能重疊性很高，也許最大的難題是哪一些具高附加價值的服務能夠脫穎而出？誰會是未來的 Netscape、Amazon 和 Uber ？

[32] Swan, M. "Counterparty/Ethereum: Why Bitcoin Topped $450 Today (Was Under $350 Last Week)." Broader Perspective blog, November 12, 2014. *http://futurememes.blogspot.com/2014/11/counterpartyethereum-why-bitcoin-topped.html.*

Dapp、DAO、DAC、DAS：越來越多的自主智慧合約

現在我們可以看見一個明顯的進步軌跡：區塊鏈的第一類應用是貨幣交易，接著是各種類型的金融交易。然後是智慧資產的應用，將所有實體資產（如房屋、汽車）及無形資產（如智慧財產權）轉換成數位資產，還有政府檔案註冊、司法認證、公證服務及智慧產權服務等。最後，智慧合約可以調動所有上述提及的數位資產。

隨著時間推移，智慧合約會變得極其複雜且自動運作。Dapp（Decentralized application，去中心化應用）、DAO（Decentralized autonomous organization，去中心化自治組織）、DAC（Decentralized autonomous corporation，去中心化自治企業）、DAS（Decentralized autonomous society，去中心化自治社會）、自動化市場以及自主交易網路，這些是發想區塊鏈未來應用的其中幾個複雜概念。姑且先認識一下這些名詞，重點是我們可以預期有了區塊鏈 2.0 的智慧合約，區塊鏈的自主性應用將有更顯著的進步。

最簡單的智慧合約就好比雙方關於明天最高氣溫進行賭注。到了明天，透過程式確認官方發佈的氣溫資訊（可以從預先指定的外部來源查看，在這個例子中就如 Weather.com），然後智慧合約將會自動執行，將暫受保管的比特幣從輸家轉移到贏家的帳戶中。

Dapp

Dapp、DAO、DAC、DAS 的全稱分別是去中心化應用、去中心化自治組織、去中心化自治企業與去中心化自治社會。基本上這些概念的出現是由於日益複雜化與自動化執行的智慧合約越來越像能夠自給自主地運作程式，甚至最後進階到自主編寫連結區塊鏈的運作程式。某種意義上，區塊鏈 2.0 協定整體來說就是一種 Dapp（分散式應用），正如在「區塊鏈 1.0 應用」中區塊鏈就是提供公共帳本功能的 Dapp。Dapp 的定義依不同人或組織而異，就像以太坊將智慧合約 / Dapp 定義成「在加密區塊鏈上執行合約條款的交易協定」[33]。

我們對於 Dapp 的定義是：運作在分散式網路上，參與者資訊被安全保障（通常採取非實名制），透過網路各節點進行去中心化操作的應用。在表 2-4 中列舉了一些當前案例，包括 OpenBazaar（去中心化的 Craiglist）、LaZooz（去中心化的 Uber）、Twister（去中心化的 Twitter）、Bitmessage（去中心化簡訊服務）還有 Storj（去中心化檔案儲存服務）等。

表 2-4　Dapp 應用列表

專案名稱與網址	運作方式	對應的中心化服務
OpenBazaar *https://openbazaar.org/*	在實體世界當地買賣物品	Craigslist

[33] "DEV PLAN," Ethereum, accessed 2014, *https://www.ethereum.org/pdfs/Ethereum-Dev-Plan-preview.pdf.*

[34] Finley, K. "Out in the Open: An NSA-Proof Twitter, Built with Code from Bitcoin and BitTorrent." Wired, January 13, 2014. *http://www.wired.com/2014/01/twister/.*

專案名稱與網址	運作方式	對應的中心化服務
LaZooz *http://lazooz.org/*	共享單車、作為移動證明的 Zooz 代幣	Uber
Twister *http://twister.net.co/*	社交網路、點對點微網誌（microblogging）[35]	Twitter/Facebook
Gems *http://getgems.org/*	社交網路、數位貨幣導向的社交通訊	Twitter/ 簡訊
Bitmessage *https://bitmessage.org*	安全的私人或廣播式通訊	簡訊服務
Storj *http://storj.io/*	檔案儲存空間	Dropbox
Swarm *https://www.swarm.co/*		
Koinify *https://koinify.com/*	數位貨幣導向的群眾募資平台	Kickstarter、Indiegogo、傳統創投資金
bitFlyer *http://fund yer.bit yer.jp/*		

在一份協作白皮書中，更嚴格地定義了什麼是 Dapp[35]。這份白皮書的參與人認為 Dapp 必須滿足三個特徵。首先，這個應用必須是完全開源的、自主運作，而且代幣不受任何人或組織等實體控制，同時這個應用的數據與運作紀錄必須被加密儲存在公開的去中心化區塊鏈。其次，這個應用必須透過一組標準演算法或一套準則，並請在應用開始運作之時就分佈部分或全部代幣。這些代幣必須用於應用當中，任何為應用作出貢獻的用戶

35 Johnston, D. et al. "The General Theory of Decentralized Applications, DApps." GitHub, June 9, 2014. *https://github.com/DavidJohnstonCEO/DecentralizedApplications.*

會得到代幣作為獎勵。最後，這個應用必須根據用戶回饋及改善意見來調整自身協定，不過任何變動都必須建立在多數用戶的共識上。總而言之，現階段的各區塊鏈專案可能對於 Dapp 所涵蓋的確切技術細節有略為不同的看法。

DAO 和 DAC

DAO（去中心化自治組織）是一種更加複雜的 Dapp 形式。為了變得更像一個「組織」，Dapp 可能會發展出更加複雜的功能，例如依據類似憲法的管理章程來確定 Dapp 在區塊鏈上的統治性，發展一個金融機制為這個 Dapp 的運作提供資金，比如在群眾募資案中發行股票。DAO 和 DAC（去中心化自治企業）是由人工智慧衍生而出的概念。我們可以將由代理人自主運作的去中心化網路，當成一種沒有人力介入，僅透過一系列商業規章規範其運作的企業模型[36]。在 DAO ／ DAC 中，將會出現一些具代理人功能的智慧合約在區塊鏈上運作，執行預先指定或預先核准的各種任務，可以依據事件或變化條件來設定任務內容[37]。

智慧合約不僅可以在區塊鏈上像自治企業一樣運作，現實世界的商業模式也可以在區塊鏈上重現。正如比特幣貨幣改變了金融市場樣貌，讓匯款變得更有效率，DAO 與 DAC 的出現也可

[36] Babbitt, D. “Crypto-Economic Design: A Proposed Agent-Based Modeling Effort.” SwarmFest 2014: 18th Annual Meeting on Agent-Based Modeling & Simulation. University of Notre Dame, Notre Dame, IN. June 29 through July 1, 2014. *http://www3.nd.edu/~swarm06/SwarmFest2014/Crypto-economicDesignBabbit.pdf.*

[37] Butarin, V. “Bootstrapping a Decentralized Autonomous Corporation: Part I.” Bitcoin Magazine, September 19, 2013. *http://bitcoinmagazine.com/7050/bootstrapping-a-decentralized-autonomous-corporation-part-i/*; Bontje, J. “Ethereum—Decentralized Autonomous Organizations.” Slideshare, April 9, 2014. *http://www.slideshare.net/mids106/ethereum-decentralized-autonomous-organizations*; Ethereum (EtherCasts). “Egalitarian DAO Contract Explained.” YouTube, April 3, 2014. *https://www.youtube.com/watch?v=Q_gxDytSvuY.*

以帶來創新的商業模式。現實世界的匯款公司需要考量許多行政與營運成本，也必須遵守諸如申請營業許可、公司註冊、保險及繳納各種稅務等行政事務與管制法規。如果將這些企業轉移到區塊鏈上，也許能更有效率，而且是名符其實的全球化企業。雲端、區塊鏈導向以智慧合約運作的自治企業可以依據業務需求，與政府組織訂立具有法律效力的電子合約。起初所有企業可以能普遍一致的，隨著區塊鏈管轄體制日益成熟時成為具法律效力保障的企業，就像我們首先是普通人，接著才是公民權一樣。

我們可以用「以自主智慧合約運作的 Storj」來理解 DAO ／ DAC 的概念。正如前文所述，Storj 是一個去中心化雲端儲存平台，在 2014 年 8 月總共募得 461,802 美元[38]。Storj 使用比特幣區塊鏈技術與點對點協定提供更加安全、私密的加密雲端儲存服務。DriveShare 和 MetaDisk 這兩個 app 分別能讓用戶租出未經使用的硬碟儲存空間，並將檔案儲存在 Storj 網路上。過去也有一些社區運算模型針對如何安全分享未經使用的硬碟空間提出解決方案，諸如 Folding@Home 或 BOINC 等運算模型，而 BOINC 還被應用到 SETI@Home（在家搜索外星智慧）計畫中。

當然，就像其他分散式專案一樣，把電腦借給他人使用的參與者需要自付相關責任，參與 Storj 或其他類似專案的用戶應該明確知道相關的隱私安全細節。Storj 的代幣 Storjcoin（SJCX），是運作 Counterparty 協定之上的加密貨幣。Storjcoin 可以在 MetaDisk 上購買儲存空間，或是在 DriveShare 上支付報酬給提

[38] Spaven, E. "Cloud Storage Startup Storj Raises 910 BTC in Crowdsale." CoinDesk, August 22, 2014. *http://www.coindesk.com/cloud-storage-startup-storj-raises-910-btc-crowdsale/.*

供硬碟空間的人。Storj 被視為 Dropbox 或 Google Drive 的去中心化版雲端儲存服務，它預估使用者多付了將近 10 到 100 個百分點的檔案儲存費用，而區塊鏈模式可以為使用者帶來更低廉、更安全的去中心化檔案儲存服務[39]。

DAS 與自舉式組織

最終有可能形成 DAS（去中心化自治社會）—所有的智能合約，或者說整個由 Dapp、DAO、DAC 構築而成的生態系統都將自主運作。有個關於智慧財產權的新穎概念叫做「自舉式組織（Self-Bootstrapped Organizaiton）」。[40] 這是一個全新的商業點子：將某些標準化的智慧合約轉化成獨立實體，透過自我啟動的程式來籌集資金、運作、發放股利或其他報酬給投資者。以自治或協作的方式從區塊鏈預測市場獲取意見回饋，並在區塊鏈上去進行中心化投票。最後決定要解約或是定期根據投票結果決定合約存續與否（類似明載合約有效期或是需要定期評估簽約的商業合約）。

自動解消或重新審視合約的行為可以避免出現像丹尼爾•蘇亞雷斯的科幻小說《網路殺神》和《自由之戰（Freedom）》中描寫全球經濟因為智慧合約類的代理人無情地執行程式碼而終結的情況。

---

[39] Marckx, C. "Storj: Next-Generation Cloud Storage Through the Blockchain." CryptoCoins News, updated April 11, 2014. *https://www.cryptocoinsnews.com/storj-next-generation-cloud-storage-through-the-blockchain/.*

[40] Levine, A.B. "Application Specific, Autonomous, Self-Bootstrapping Consensus Platforms." Bitsharestalk forum, January 1, 2014. *https://bitsharestalk.org/index.php?topic=1854.0.*

自主運作市場與自動交易網路

自主運作市場（automatic market）的概念是使一致化、分封化與可量化的資源（像是電力、天然氣、頻寬等，未來可能連大腦的突觸單元也屬於這類資源）可以依據條件變化與預先設定的使用者資訊、權限與出價功能，進行自動交易。[41]

股票市場的演算法交易與即時競價系統（real-time bidding，RTB）可能是目前最接近自主運作市場概念的例子。未來，自主運作市場可以在實體世界的有限資源分配中提供限價單及程式交易的功能。真正的智慧網格運算（例如能源、高速公路與交通網格）可以在成本和收益兩端擁有自動出價功能，在收入（資源）端、支出（客戶）端和參與者之間運作自動清算機制。

自動交易網路（tradenet）是另一個相關概念：未來可能會出現自主運作、自持產權的資產，例如一輛擁有自己產權且可以自動駕駛的汽車。[42] 自我導向的資產可以透過連接網路，以獲取資訊來評估市場動態，為自己尋找潛在交易，就像 Uber 一樣，然後根據自我規劃來對沖汽油價格變動，最後在使用年限到來時自動退休一簡而言之，就是執行各式各樣的自主運作。根據與人口成長、需求上升或商業計劃可行性等指示信號，可以嵌入交易網路來觸發智慧合約，自動執行「建造新的交通運輸工具」的指令。

---

[41] Swan, M. "Automatic Markets." Broader Perspective blog, August 23, 2009. *http://futurememes.blogspot.com/2009/08/automatic-markets.html*.

[42] Hearn, M. "Future of Money (and Everything Else)." Edinburgh Turing Festival. YouTube, August 23, 2013. *https://www.youtube.com/watch?v=Pu4PAMFPo5Y*.

區塊鏈是通往人工智慧之路

我們可以將運作於區塊鏈（blockchain）上的智慧合約視為一種具有去中心化、自主性與非實名制等特性的應用。由於智慧合約平台是因應日益增加的自動化、自主且複雜的運算需求而生，也許區塊鏈技術可以是探索人工智慧（AI）的潛在途徑之一。隨著 Dapp、DAO、DAC、DAS 興起，可以想見未來將會有出現許多新興有趣的—如同 AI 行為般突現且複雜—行為應然而生。其中一種潛在作法是將尚未應用 AI 或區塊鏈技術的既有系統導入至區塊鏈上，再進一步使該系統自動化並賦予系統運作權限。

舉例來說，在類似 Huginn 的開源平台運用簡單的「如果這樣就會那樣」（if-this-then-that）邏輯，建立代理人（agent）程式來監控狀況並代為行事。另一種可行做法則是將程式設計的點子應用到 AI 研究範疇，諸如 Wolfram 的細胞自動機（Cellular automata）、Conway 的生命遊戲（Game of Life）、Dorigo 的蟻群優化（Ant Colony Optimization）及群體智能（Swarm intelligence）、Andy Clark 的體現認知機器人（embodied cognition），以及其他代理人系統的廣泛應用。

第三章

區塊鏈 3.0：超越貨幣、經濟、市場的公正應用

用區塊鏈科技組織活動是新穎且高效率的方式

區塊鏈的出現，不只可望重塑各種類別的貨幣市場、支付系統、金融服務與經濟型態，更提供轉變各式產業型態的動能，甚至更廣泛地說，區塊鏈的出現有可能使人類過去的活動型態產生巨大轉變。

區塊鏈在本質上是一種規模更大、摩擦更少、效率更佳的組織運作典範。不只是因為區塊鏈科技具有去中心化的特性，而且以目前來說，去中心化模式之所以成為一種通用且運作良好的運作模式，是因為它的底層網路與網際網路有足夠的流動性，

將所有人連結起來。就像區塊鏈科技所提供的通用技術與規模，實現了全球範圍的去中介化交易，辦到了過去絕不可能實現的事情。區塊鏈科技也可應用在資源分配上，特別是全球範圍內日益自主化的實體資產與人力資產。區塊鏈科技促進了人類互動的各種協調與認證行為，激發了更高層次的合作，並為人機互動的發展奠下基礎。

在某層面上，也許今後所有的人類活動都可以使用區塊鏈進行協調，或至少人類行為模式會因區塊鏈概念而有所轉變。此外，從功能、實用性以及量化管理等方面來看，區塊鏈科技可不僅僅是一種不錯的組織模式。透過共識進行運作，採用區塊鏈組織模式可以在品質上實現更大的自由度、更加平等，並激發更大的發揮潛能。因此，區塊鏈是一種全面的解決方案，集成了外在性（extrinsic）與內因性（intrinsic）、量化（quantitative）與質化（qualitative）的優勢。

區塊鏈概念的拓展性

區塊鏈科技可以協助具有創造力及創新理念的人，讓他們揮灑想法與能力。這時就必須掌握個別概念並融會貫通。區塊鏈相關概念包含公／私鑰密碼學、點對點檔案共享、分散式運算、網路模型、非實名機制、區塊鏈帳本、加密協定與加密貨幣等。這些新概念將會使得人們反思並重新定義現代社會中的固有名詞，好比貨幣、經濟、信任、價值及交易等字眼。唯有理解這些概念，才能真正在區塊鏈環境中進行各種操作。當你了解這些相關技術原理後，不僅可以提出基於區塊鏈的創新解決方案，還能進一步將這些技術應用到其他情境中。

當人類充分理解這些概念，並應用到所有可想見的領域中，區塊鏈相關概念的拓展性除了推動區塊鏈科技發展，也會對人類生活產生極深遠的影響。網際網路就是一個普遍應用與核心技術概念多元拓展的例子，網際網路的出現意味著人類可以用新的方式去做每一件事，而且更快、更容易實現、更即時，可以按需求定製，可以擴及全球範圍，並花費更少成本。正因為區塊鏈科技充滿許多全新概念，它很有機會成為未來的普遍知識與標準技術。

基本的經濟原理：發現、價值歸因與交易

一種廣泛思考區塊鏈概念應用的方式，就是將他們的應用延伸到更多方面，而不只侷限在經濟、市場或貨幣層面的應用。這種思考模式需要先認知現實世界中經濟與市場的基本屬性。

區塊鏈科技有助於闡明我們日常所見、所經驗的事物，生活中的各種系統，就某種程度而言都是一門經濟學，都是一種資源分配體系。此外，體系與互動也符合經濟學，因為這些它們的運作包含了一系列意識與發現、價值歸因（value attribution）、潛在互動與交換，並可能出現以貨幣或代幣交易的機制，又或者一些簡單的交換，像生物系統中力、能量或濃度的交換。這種相同的經濟結構，無論是在合作團隊或是農貿市場中都是普遍存在的。使用區塊鏈科技，以交易帳為追蹤單位的量化結構，可以提供更高的精細度，比起現有的最小分類單位（Stock Keeping Unit, SKU）所能提供的詳細及廣泛程度還要高出好幾個數量級。

「區塊鏈追蹤」意味著所有為區塊鏈體系做出貢獻的參與者，不管貢獻有多微小，無論是否會累積到宏觀規模，也能以無縫、自動化的方式衡量並歸結。（不過，有些社群價值體系可能不會明示用戶貢獻度）。區塊鏈追蹤的風氣與道德本身就是一個獨立且有趣的社會科學主題，日後關於區塊鏈的研究將會更加普遍。基於區塊鏈的追蹤方式可以由「GitHub ＋ Bitcoin」的概念來發想，就如追蹤某個軟體的所有程式碼，查看每一行程式碼是由誰貢獻的。這件事至關重要，因為體系內的所有具有經濟理性的參與者（例如人類），都想要衡量各自與他人的貢獻，並以此取得回饋報酬、聲望、地位或其他獎勵。

區塊鏈科技可以實現量子級管理

區塊鏈可以促成一種自動化的運算方式，這是一種通用的無縫協作模式，讓沒有數量限制的參與方共同協作，這是過去人類未曾企及的通用交易系統。

在某種意義上，區塊鏈科技即是現實世界的超級電腦。任何可以被量化的東西（以離散的單位或組件定義），就能夠使用這種系統，可以編碼到區塊鏈上並自動運作。區塊鏈創投家大衛·約翰斯頓（David Johnston）預測，所有可以被去中心化的事物終究會進入區塊鏈體系，顯示他對區塊鏈模式的內在效率與優勢深信不疑。去中心化趨勢就好比「水往低處流」的現象，水流自然而然地往最小阻力、最省力的方向去。區塊鏈有如一把「奧卡姆剃刀」（即「簡單有效原理」），是協調人類與機器活動的最有效、最直接、最自然的方法，區塊鏈科技是自然高效率的處理過程。

區塊鏈層級可促進大數據預測任務的自動化

隨著大數據有能力處理越來越多的現實預測任務，區塊鏈科技還可以將這些預測行為轉變成具體行動。結合區塊鏈科技，讓大數據的應用漸漸從「反應——預測」模式轉型，結合智慧合約與經濟學，自主運作更廣泛的任務。

大數據的預測分析可以完美銜接自主運作的智慧合約。我們可以透過自動運作的智慧合約、Dapp、DAO 和 DAC，將區塊鏈科技嵌入到支付系統中，並作為量化管理工具。如此一來，大量自主運作的任務可以減輕人類工作量，因為這些任務可以藉由通用、去中心化、分散在全球範圍的運算系統來完成。我們以為大數據已經很「大」了，然而，若再將區塊鏈科技應用至量化、追蹤與管理各類活動上，將會使大數據規模再往下一個數量級邁進。

分布式反審查組織模型

在去中心化網路模型中，區塊鏈 1.0 與 2.0 交易模式的重點是去信任交易所帶來的經濟效益與成本節約，但是區塊鏈所具備的自由與賦權（freedom and empowerment）也是相當重要的面向。去中心化模型可以在專制政體及資本控制國家中，有效促進自由與經濟流通。

自由的概念在此是指可以使用非實名交易來避免政府機關的審查、追蹤與監管。這對於想在新興市場有一番作為，卻礙於資本壟斷及政府管制，各種標準經濟活動都難以施展，處於相當嚴格的經濟環境中的人們來說，區塊鏈科技無疑是非常重要的。由於國家對經濟的嚴格控管，再加上對於法定貨幣缺乏信心，種種原因驅使越來越多人對加密貨幣產生興趣。

區塊鏈的自由度在區塊鏈 3.0，也就是超越貨幣與市場交易範疇的應用中，益發顯著。透過全球範圍的去中心化特性，區塊鏈科技具有不必受限於地域管轄的潛力。有一派觀點認為區塊鏈能夠更公平地解決有關自由、管轄、審查與管制等人權議題，而這是目前各國透過外交協調無法達成的。如果暫不考慮各國之間的差異，從更高的層面來管理、協調、監督，某些跨國運作將會更有效率，像世界貿易組織（WTO）就是個典型例子。

這個想法的出現，是為了提升跨國組織的效能，跨越國與國之間的地理限制與管轄差異，連結成為真正意義的「全球雲」。首先，跨國組織需要跨國的治理結構，而觸及範圍廣大、易於使用、透明公開的區塊鏈科技正是跨國治理結構的有效方案。

相較於國家治理，區塊鏈治理更能符合跨國組織的特色與需求。其次，區塊鏈治理的優勢不只是效率而已，它還更加公平。對於組織及參與者來說去中心化雲端治理這一模式將會更加公平、公正且自由。不可更動的公開紀錄、公開透明、易於使用及涵蓋全球範圍等區塊鏈科技的特色是去中心雲端治理模式的堅強後盾。在世界任一角落的任何人都可以查詢並確認區塊鏈上跨國組織的活動紀錄。因此，區塊鏈是一種使各方互信且相互制衡的全球化體系。正因為有了區塊鏈科技作為核心基礎，是以人類有機會將全球組織與協調機制推展到更高層次的進步。

跨國治理可以先從網際網路管理這一領域下手。網際網路管理組織具有跨國權限，但必須將組織據點設在某國境內。ICANN（Internet Corporation for Assigned Names and Numbers）就是個典型的例子，這個組織負責管理與分配網域名稱，假如使用者輸入 www.example.com，ICANN 就會透過網路協調機制將網址轉換為數值型 IP 位址：93.184.216.119 。

區塊鏈科技彰顯了跨國公共服務的管理問題，同時提供合適的解決方案。維基百科就是類似的跨國公共服務，但現在受制於所在地區的管轄權限，以至於有將虛假內容或偏見加諸在維基百科上的疑慮。有鑒於區塊鏈的參與性、民主化及去中心化等特性，區塊鏈機制可能是最有效且公平管理所有跨國公共產品及服務的模式。

維基解密（WikiLeaks）的案例正好顯示了管轄國家機構容易出現集中式及偏見式的控制行為。2010 年爆發了愛德華·史諾登（Edward Snowden）洩密事件，許多人試圖透過捐款支持維基解密，但由於中心化政府機關的強力干預，信用卡公司及 Paypal 都阻斷用戶的捐贈行為，維基解密形同遭到經濟封鎖[1]。如果當時就維基解密就接受比特幣捐款，或許會形成不同的局面。同樣地，電子自由基金會（Electronic Freedom Foundation, EFF）是一個支持個人自由的非營利組織，與其他類似組織的據點也都位於某個國家的地理管轄範圍內，這也就意味著，當權若試圖對某個組織或個人施加影響時，組織運作勢必遭受極大限縮。

---

[1] Moshinsky, B. et al. "WikiLeaks Finds Snowden Cash Bump Elusive." Bloomberg Businessweek, July 11, 2013. *http://www.businessweek.com/articles/2013-07-11/wikileaks-finds-snowden-cash-bump-elusive.*

Namecoin：去中心化的域名系統

區塊鏈科技的眾多應用中，第一個非貨幣領域應用是可以避開網路審查機制的 Namecoin（*https://wiki.namecoin.info*），可以用來檢驗網路域名系統（Domain Name System, DNS）的註冊資訊。Namecoin 可以取代 DNS，運作不受任何政府或企業控制。去中心化 DNS 服務的好處是，它可以讓全世界任何人不受限制與審查機制，在網路上自由發佈資訊。

正如比特幣是一種運作不受他人干涉的去中心化貨幣，Namecoin 也是這類去中心化 DNS（如網址）的基礎[2]。永久嵌入到區塊鏈上的網址，可免於任何政府對該域名的偵測屏蔽。網路審查主要是針對如 google.com 這類的域名，由政府控制頂級域名「.com」部分（美國政府控制尾端為「.com」域名的網址），如此一來就能偵測可疑網址並重新導向。

政府控制了所有頂級域名，比如中國政府控制所有以「.cn」為頂級域名的網域。因此，去中心化 DNS 可以讓所有頂級域名不再受制於任何人或機構，使用者可以透過分享在點對點網路上的 DNS 對照表查詢網址域名。只要去中心化 DNS 伺服器如常運行著，那麼使用者就可以正常訪問瀏覽於該系統內註冊的網址，政府機構無法以公權力干預這個設計完善且運作良好的全球點對點頂級域名系統。Namecoin 使用了與比特幣相同的技術架構（獨立的區塊鏈與數位貨幣）提供去中心化 DNS 服務。

---

[2] Gilson, D. "What Are Namecoins and .bit Domains?" CoinDesk, June 18, 2013. *http://www.coindesk.com/what-are-namecoins-and-bit-domains/*.

Namecoin 目前並沒有開放註冊所有域名，而是為那些可能因敏感議題而遭政府審查的網域（例如一些政治自由被限縮的國家），提供自由言論的機制。Namecoin 的頂級域名是「.bit」，有興趣的人可以使用 Namecoin 註冊以「.bit」後綴的域名。若想要註冊一個新域名或更新既有域名，需要使用 Namecoin 協定，並依據不同交易類型進行後續操作—比如想註冊一個新網域，選擇「name_new」交易並支付 0.01 NMC（Namecoin 的縮寫，可與比特幣互換）。使用者可以直接在 Namecoin 系統中註冊，或利用如 *https://dotbit.me/* 的域名註冊服務進行操作。

由於「.bit」這個頂級域名並不在傳統網路域名的操作範圍，為了方便瀏覽「.bit」網址，需要在瀏覽器（*http://bit.ly/browsing_bit*）內安裝 .bit 代理伺服器，或者在 Firefox（*http://www.meowbit.com/*）或 Google Chrome（*http://bit.ly/dot_bit_ext*）安裝擴充功能，以便處理 DNS 請求。根據 Bitcoin Contact website（*http://namecoin.bitcoin-contact.org/*）的數據指出，截至 2014 年 10 月已經註冊了 178,398 個「.bit」域名，其中也包括維基解密：wikileaks.bit。最重要的是，「.bit」網域內完全保障使用者的言論自由，也就是試圖以官方說法壓制輿論的成功機率越來越小了。正如使用去中心化的貨幣進行交易有許多好處，其他種類的去中心化應用也擁有許多優勢。

Namecoin 的挑戰與其他去中心化 DNS 服務

Namecoin 的運作使得一些技術問題浮上台面，讓「.bit」域名易遭替代，（這個 bug 是當輸入名稱和輸出名稱吻合的情況下，系統將會更新數值，同時覆蓋新的註冊資訊）[3]，而開發者正在修復這些技術問題。批評者（通常也是比特幣的批評者）認為去中心化 DNS 服務，諸如以低廉費用與匿名方式創建網域，系統內的網域不受制於政府等特色，可能會招來有心人士，成為非法行為的溫床[4]。然而，區塊鏈產業白皮書駁斥了這些論點，並以舉例說明區塊鏈公共帳本的可追溯性，可以有效遏止犯罪，並闡述區塊鏈技術可以有眾多合法用途[5]。

與此同時，其他去中心化域名服務也在發展中，例如使用者可以在 BitShares 中使用以「.P2P」為頂級域名的「DotP2P」服務（*http://dotp2p.io/*）。這項計畫著眼於將身為第三方中介的認證機構除去（因為第三方中介的存在容易使網域遭到監控），改成使用區塊鏈模式的去中心化 DNS 服務，可以讓網域更加安全，因為令網域遭到控制的唯一情況，只有當使用者遺失了私鑰時，才會失去對該網域的控制權[6]。

---

3 ———. "Developers Attempt to Resurrect Namecoin After Fundamental Flaw Discovered." CoinDesk, October 28, 2013. *http://www.coindesk.com/namecoin-aw-patch-needed/.*

4 Wong, J.I. "Trend Micro Report Finds Criminals Unlikely to Abuse Namecoin." CoinDesk, July 18, 2014. *http://www.coindesk.com/trend-micro-report-finds-criminals-unlikely-abuse-namecoin/.*

5 McArdle, R. and D. Sancho. "Bitcoin Domains: A Trend Micro Research Paper." Trend Micro, accessed 2013 (publishing data unavailable). *http://www.trendmicro.com.au/cloud-content/us/pdfs/security-intelligence/white-papers/wp-bitcoin-domains.pdf.*

6 Michael J. "Dotp2p Demo Video." YouTube, July 10, 2014. *https://www.youtube.com/watch?feature=youtu.be&v=qeweF05tT50&app=desktop.*

DotP2P 還有其他的優勢吸引使用者註冊域名，例如類似拍賣競價的方式來解決熱門域名的註冊問題。和去中心化 DNS 服務相似的還有數位身份驗證服務，在 2014 年 10 月，BitShares 發佈了 KeyID 服務來提供解決方案。KeyID（*http://keyid.info/*），原身是 keyhotee，是基於去中心化區塊鏈的身份認證與電子郵件系統，保障使用者的通訊安全與認證安全[7]。

言論自由 / 反審查之應用：Alexandria 與 Ostel

Alexandria 就是一個基於區塊鏈，提倡言論自由的計劃。將 Twitter 編碼至區塊鏈上，建立一個不可篡改的歷史紀錄系統。利用 Florincoin（*http://florincoin.org/*）將任何提到特定關鍵字的 Twitter 內容（如「烏克蘭」或「伊波拉」），編碼到 Alexandria 的區塊鏈上。Florincoin 是類似比特幣和來特幣的一種加密貨幣，有更快的交易處理速度（40 秒）與更長的交易備註欄位（類似 Memocoin 的概念）。透過這個方式，可以即時紀錄 Twitter 消息，因為有時候 Twitter 內容會遭審查而被移除[8]。

Florincoin 的主要特色是可以紀錄元資料（metadata）與推特內容等文字，因為它具有多達 528 字元的備註欄位[9]。擴充的備註欄位可以廣泛應用到眾多區塊鏈服務中，例如在欄位中記載基

---

7 BTC Geek. “Bitshares DNS KeyID Starts Trading.” BTC Geek blog, accessed 2014 (publishing data unavailable). *http://btcgeek.com/bitshares-dns-keyid-starts-trading/*.

8 Twitter. “Tweets Still Must Flow.” Twitter Blog, January 26, 2012. *https://blog.twitter.com/2012/tweets-still-must-flow*.

9 Dollentas, N. “Exclusive Q&A with Joseph Fiscella: Florincoin and Decentralized Applications.” Bitoinist.net, June 22, 2014. *http://bitcoinist.net/exclusive-qa-with-joseph-scella-orincoin-and-decentralized-applications/*.

因組序列與 X 光檔案的元資料和安全指標（pointer）。另一個旨在促進自由的應用是 Ostel（*https://ostel.co/*）所開發的自由加密 VoIP 網路電話服務，這是因為美國國家安全局（NSA）有權監聽其他如 Skype 等網路電話服務[10]。Ostel 正是 David Brin 提倡自下而上的「逆監控（souveillance）」[11] 的最佳案例，用以抗衡國家自上而下的監控（包括傳統電話及 Skype）行為。

言論自由之外的去中心化 DNS 功能：數位身份

除了促進言論自由與抵禦網路監控的初衷，去中心化 DNS 服務對於正在發展中的區塊鏈 3.0 技術有許多啟發性的重要功能。區塊鏈科技讓人們重新思考所有使用到網際網路的操作行為，並提供去中心化運作的可能性—DNS 服務（Namecoin、DotP2P）、數位身份認證服務（KeyID、OneName 與 BitID，後文將加以介紹）以及網路流量通訊（OpenLibernet.org，開放式網狀網路通訊協定）等不勝枚舉的去中心化應用。

Zooko 三難困境（*http://bit.ly/zookos_triangle*）是比特幣、網際網路與網路通訊等領域都不可避免的挑戰。這是網路協定中任何允許使用者自行命名的系統都會遇到的問題：如何確保網址和使用者名稱（例如 DeMirage99）等識別符號，既符合去中心

---

10 Chaffin, B. “The NSA Can Listen to Skype Calls (Thanks to Microsoft).” The Mac Observer, July 11, 2013. *http://www.macobserver.com/tmo/article/the-nsa-can-listen-to-skype-calls-thanks-to-microso* ; Goodin, D. Encrypted or Not, Skype Communications Prove ‘Vital’ to NSA Surveillance." Ars Technica, May 13, 2014. *http://arstechnica.com/security/2014/05/encrypted-or-not-skype-communications-prove-vital-to-nsa-surveillance/*.

11 Brin, D. The Transparent Society: Will Technology Force Us to Choose Between Privacy and Freedom? Cambridge, MA: Perseus Books Group, 1999.

化運作，安全可靠且方便使用（即，不以 32 字元的英文字母與數字數列呈現）[12]。

區塊鏈技術需要更加創新與成熟，以便解決 Zooko 三難困境，而 Namecoin 或許可以解決這個難題。Namecoin 的主要用途是儲存網址，或許它也能儲存任何資訊。

Namecoin 的核心功能在於它是一個名稱 / 價值儲存系統。因此，正如比特幣不再只是單純的貨幣功能，Namecoin 也超越了單純的 DNS 服務，可以支援更廣泛的資訊儲存服務。可以利用 Namecoin 的非域名空間儲存那些難以安全轉換或方便轉換的資訊。Namecoin 這項功能可以用來解決 Zooko 三難困境：將代表使用者身份資訊的公鑰（32 位元的英文字母與數字數列）綁定使用者名稱（如 Demirage99），就像 OneName 和 BitID 所提供的數位身份服務一樣。

---

12 Chaffin, B. “The NSA Can Listen to Skype Calls (Thanks to Microsoft).” The Mac Observer, July 11, 2013. *http://www.macobserver.com/tmo/article/the-nsa-can-listen-to-skype-calls-thanks-to-micros.*

數位身份認證

OneName（*https://www.onename.io/*）及 BitID（*http://bitid.bitcoin.blue/*）是兩個以區塊鏈科技為基礎的數位身份服務，幫助網站確認使用者身份及相關資訊。去中心化數位身份認證服務利用了比特幣的優勢，即每位比特幣用戶都有一個比特幣錢包及錢包位址，可以提升網站瀏覽速度，同時優化使用者體驗、匿名性以及安全性。數位身份認證服務也能促進電子商務的發展，因為使用比特幣位址登入的用戶可以直接以比特幣付款。

OneName 表面上是個促進比特幣實用性的服務，但實際上它擁有相當複雜的去中心化數位身份認證系統，可以有除了設計初衷外的更多用途。OneName 解決了對使用者來說比特幣位址過於冗長的問題，一般的比特幣位址由 27 至 34 的字元組成，這是為了確保比特幣位址安全性而付出的代價。

有些類似 Coinbase 的比特幣錢包服務商和交易所，有時候會允許使用者以電子郵件地址來發送比特幣。Onename 提供了更加安全的解決方案。使用者可以利用 OneName，建立更加人性化，方便記憶的帳號名稱（就像在社群網站使用的名字一樣）來進行比特幣交易。當用戶在 OneName 上註冊後，如果遇到需要請求付款的狀況，只需要在用戶名稱前面加上一個「＋」號即可進行交易（比如＋ DeNirage99）。OneName 是一個建立在 Namecoin 協定之上的開源協定，讓用戶可以自行驗證數位身分，而不是讓 Facebook、Linkedin 或 Twitter 等中心化社群網站作為身份驗證平台，畢竟目前許多網站選擇使用這些社群網站的 API 來對用戶進行身份驗證[13]。

與 OneName 類似的另一個計劃是 BitID，它允許用戶使用各自的比特幣位址來登入網站。用戶可以選擇「使用比特幣（位址）登入」來代替「使用 Facebook 帳號登入」。BitID 是一個去中心化的認證協定，應用了比特幣錢包可以作為一種身份認證形式，以及 QR 碼作為服務或平台的接入點等特性。BitID 讓用戶以自己的比特幣錢包位址，驗證身份從而登入網站，並使用行動裝置驗證私鑰[14]。

另一個數位身份驗證服務是 Bithandle（*http://www.hackathon.io/bithandle*），原先是一個黑客松計畫。Bithandle 提供短用戶名稱（short-handle）的註冊、驗證及電子商務等服務。使用 OneName 與 BitID，使用者可以註冊簡單好記的用戶名稱一比如「Coinmaster」一透過公開或私密的真實身份驗證以及比特幣區塊鏈上的交易，綁定該名使用者的比特幣錢包位址。這項服務提供了即時且持續執行的數位身份認證，而且「使用比特幣（位址）登入」網站意味著使用者可以用比特幣支付，一鍵完成購物流程。將比特幣推廣至主流大眾的一大難題就是必須發送冗長的 32 字元位址或 QR 碼，才能完成比特幣交易。Bithandle 讓用戶使用簡短的用戶名稱綁定比特幣位址，而這個用戶名稱已經事先被事先驗證，與用戶的真實身份相符，在未

[13] Dourado, E. “Can Namecoin Obsolete ICANN (and More)?” The Ümlaut, February 5, 2014. *http://theumlaut.com/2014/02/05/namecoin-icann/*.

[14] Rizzo, P. “How OneName Makes Bitcoin Payments as Simple as Facebook Sharing.” CoinDesk, March 27, 2014. *http://www.coindesk.com/onename-makes-bitcoin-payments-simple-facebook-sharing/*.

來任何時候都可以透過區塊鏈查詢。即時數位身份驗證服務將變得至關重要，目前全球範圍內身份認證與驗證的市場規模已經上看 110 億美元[15]。

究竟 Bithandle 在數位身份註冊的過程中如何運作呢？首先用戶需要註冊一個比特幣用戶名，可以選擇簡單好記的名稱，接著用戶可以在網站上選擇「使用比特幣（位址）登入」。誠如上文所提，這種登錄方式和「以 Facebook 帳號登入」或「以 Twitter 帳號登入」類似，只不過 Bithandle 會自動連結用戶的比特幣位址，驗證用戶身份。當用戶在設定一個 Bithandle 帳號時，他的真實身份會與用戶的 Facebook、Twitter、Linkedin 或其他服務的帳號綁定，使用者可以選擇公開或隱藏（OneName 不允許用戶隱藏）這些資訊。

接著，即時數位身份驗證，即「使用比特幣（位址）登入」代表了用戶的 Bithandle 帳號已經綁定比特幣位址，這時用戶可以放心使用電子商務服務，而不需要重新註冊一個帳號來提供個人身份及付款資訊（因為可以用比特幣進行交易）。Bithandle 在許多方面簡化了用戶與網站之間的互動。首先，網站不再需要維護眾多使用者的註冊資訊（杜絕招致駭客的「蜂蜜罐」風險）。第二，所有「使用比特幣（位址）登入」的使用者，可以自動完成一鍵購物。第三，Bithandle 可以提供即時區塊鏈數據查詢功能，比如重新授權用戶後續的購買行為，即可利用 Bithandle 快速驗證用戶的數位身份。

---

15 Higgins, S. "Authentication Protocol BitID Lets Users 'Connect with Bitcoin.'" CoinDesk, May 7, 2014. *http://www.coindesk.com/authentication-protocol-bitid-lets-users-connect-bitcoin/.*

區塊鏈的中立性

密碼學專家、區塊鏈開發者與架構師等產業相關人員指出，設計區塊鏈時必須考量並納入與當初設計網際網路架構時相同的基本原則，就像中立性原則。對網際網路來說，網路中立性是指，網路服務供應商應該允許任何來源的內容與應用被自由瀏覽，不偏袒或封鎖特定產品或網站。這個概念也適用於加密貨幣：「比特幣中立性」代表所有人在任何地方都能自在方便地使用比特幣。言下之意即是，任何人都可以使用比特幣，不受文化、語言、宗教、地理位置、政治及經濟形態限制[16]。比特幣只是一種貨幣，可以通行於任何既有的政治、經濟或宗教體系中。比如，伊斯蘭比特幣銀行（Islamic Bank of Bitcoin）正在研究如何讓符合伊斯蘭教規的銀行採用比特幣[17]。比特幣中立性的真正目標族群是那些沒有銀行帳戶的人，對這些人來說，比特幣可能是最有用的。許多人因為各種原因無法使用傳統銀行服務，約佔全世界總人口的 53%[18]。即使在美國境內也有 7.7% 的家戶沒有銀行帳戶或未能享受充分的銀行服務[19]。

---

[16] Rohan, M. "Multi-Factor Authentication Market Worth $10.75 Billion by 2020." Markets and Markets, accessed 2014 (publishing data unavailable). *htt* (*http://www.marketsandmarkets.com/PressReleases/multi-factor-authentication.asp*)*p://www.marketsandmarkets.com/PressReleases/multi-factor-authentication.asp* (*http://www.marketsandmarkets.com/PressReleases/multi-factor-authentication.asp*).

[17] Antonopoulos, A.M. "Bitcoin Neutrality." Bitcoin 2013 Conference, May 18, 2013, San Jose, CA. YouTube, June 10, 2013. *https://www.youtube.com/watch?v=BT8FXQN-9-A*.

[18] Senbonzakura (handle name). "Islamic Bank of Bitcoin." Bitcoin Forum, June 24, 2011. *https://bitcointalk.org/index.php?topic=21732.0*.

[19] Chaia, A. et al. "Half the World Is Unbanked." McKinsey & Co, March 2009. *http://mckinseyonsociety.com/half-the-world-is-unbanked/*.

比特幣中立性可以幫助這些沒有銀行帳戶或未取得充分銀行服務的人在低技術環境下使用比特幣，比如用簡訊付費、紙錢包及批量區塊鏈交易等。以中立性為導向、簡單方便的解決方案（「將比特幣打造成新興市場的 Twitter」）可能會延續肯亞 GDP 的 31% 來自手機消費的趨勢[20]，將比特幣快速打入這個尚未得到充分金融服務的市場。目前有不同的簡訊型比特幣錢包及發送機制，如 37Coins（*https://www.37coins.com/*）[21] 和 Coinapult（*https://coinapult.com/*）[22]，以及像 Kipochi（*https://www.kipochi.com/*）[23] 將比特幣與 M-Pesa 等行動金融平台的整合計畫。另一個類似開發案是行動加密錢包 Saldo.mx，使用 Ripple 的開源協定進行結算，讓身處美國和拉丁美洲的人們，可以遠距完成帳單、保險、通話費、信用卡及商品等付款行為。

比特幣的數位落差

「數位落差」一詞是指社會上不同性別、種族、經濟、居住環境、階級背景的人，取得與使用數位產品（如電腦或是網路）的機會與能力上的差異。

---

[20] "2013 FDIC National Survey of Unbanked and Underbanked Households," U.S. Federal Deposit Insurance Corporation, updated October 28, 2014, *https://www.fdic.gov/householdsurvey/.*

[21] Mims, C. "M-Pesa: 31% of Kenya's GDP Is Spent Through Mobile Phones." Quartz, February 27, 2013. *http://qz.com/57504/31-of-kenyas-gdp-is-spent-through-mobile-phones/.*

[22] Cawrey, D. "37Coins Plans Worldwide Bitcoin Access with SMS-Based Wallet." CoinDesk, May 20, 2014. *http://www.coindesk.com/37coins-plans-worldwide-bitcoin-access-sms-based-wallet/.*

[23] Rizzo, P. "How Kipochi Is Taking Bitcoin into Africa." CoinDesk, April 25, 2014. *http://www.coindesk.com/kipochi-taking-bitcoin-africa/.*

根據中立性原則，世界上任何人都可以使用加密貨幣，因此加密貨幣將是消弭數位落差的一大利器。然而，更加難以消弭的數位落差也跟著出現了，那就是關於加密貨幣的 Know-how。（而且從某種意義上來說已經出現。）新的數位落差，即存在於那些知道如何在網路上安全使用加密貨幣與不諳門道的人之間。有鑑於此，應當延伸中立性原則，使用合適的主流工具幫助所有人以匿名（或者說非實名）的方式操作，並且保障人們可以隱密地、安全地在網路中進行互動與交易。

數位藝術：區塊鏈驗證服務（公證人、智慧財產保護）

數位藝術領域是區塊鏈加密科技可以帶來突破性創新的另一舞台（同時也是探索兩個貫穿全書的重要概念：雜湊（hashing）和時間戳記的絕佳領域）。「數位藝術」一詞泛指智慧財產權（intellectual property, IP），而不只局限於網路上的創作（online works）。正如前文探討過在數位資產證明和保護的脈絡中，「身份」可以被簡單視為一個「應用」（不過，這應用可能會有更多延伸功能）。

數位身份取決於用戶的比特幣錢包位址，而數位資產證明的認證服務則借助於區塊鏈的雜湊與時間戳記功能。認證服務，即聲明如資產所有權等事物的真實性，也可被視為一種數位藝術。在區塊鏈產業「數位藝術」一詞主要用來描述：用區塊鏈註冊任何形式（全然數位，抑或反映了現實世界事物）的 IP，或是用區塊鏈執行廣泛的驗證服務，例如合約公證等。「數位藝術」也指線上圖片、照片或數位藝術創作等屬於數位資產以及智慧財產權範疇，可透過區塊鏈加以保存的事物。

雜湊與時間戳記

區塊鏈科技為認證服務提供了兩項重要功能，那就是「雜湊」與「時間戳記」。所謂的雜湊就是對任何內容的檔案（如文件、基因組檔案、GIF 檔案或影片等）進行雜湊運算，運算結果將會根據內容壓縮成一串由字母與數字組成的序列，而這串序列不能逆向推算出原本的檔案內容。舉例來說，人類基因組檔案可以轉換成一串 64 字元的雜湊序列，這串數列就是該基因組的唯一識別碼[24]。這串雜湊序列即代表原檔案的確切內容。每當需要再次確認檔案內容時，只要再次對檔案進行雜湊運算，如果得到相同的雜湊結果，就表示檔案內容並沒有被更動。因為雜湊序列夠短，足以附註在區塊鏈交易中，所以雜湊序列可以提供證明交易發生時間的時間戳記功能。因著在區塊鏈交易中附註雜湊序列，等於原始檔案內容也被編碼到區塊鏈上了，所以區塊鏈也可以當作檔案註冊管理機構。

將加密後的雜湊序列當作一種驗證與認證資產的方式，對於區塊鏈產業發展是舉足輕重的關鍵。區塊鏈雜湊功能可能成對整個社會運作來說非常重要的功能。區塊鏈可以證明在特定時間內，任何檔案或數位資產的確切內容及其存在。此外，在區塊鏈認證服務中採行雜湊與時間戳記，佐證了區塊鏈是一種全新的資訊科技。

區塊鏈認證服務通常包括檔案歸類、儲存與註冊等各式服務、認證與驗證服務，以及智慧財產權保障服務。誠如前文所提，這些服務借助區塊鏈科技產生雜湊序列，以永久且公開的方式記錄與保存資訊，可以利用區塊鏈瀏覽器與區塊鏈位址指標查詢存放在區塊鏈這個「全球中心資料庫」上的資訊。區塊鏈的核心功用就是讓人們可以在這個公開帳本上驗證任何數位資產。

24 儘管兩個相異檔案仍有可能產生同一組雜湊值，其機率仍遠小於百萬兆平方分之一。

目前已經有好幾個基於區塊鏈的認證服務正處於開發或構想階段，包括 Proof of Existence、Virtual Notary、Bitnotar、Chronobit 與 Pavilion.io 等計畫。這些服務的技術細節或多或少有些雷同，因為任一服務都可以將一般檔案進行雜湊運算，服務之間的可替代性相當高。接下來將會詳細介紹 Proof of Existence（存在證明），它是第一個，也是歷史最悠久的認證服務。

Proof of Existence（存在證明）

Proof of Existence 是（*http://www.proofofexistence.com/*）最早提供區塊鏈認證服務的工具之一，人們可以在網頁端對諸如藝術作品或軟體進行雜湊運算，證明該事物的著作權[25]。

創辦人 Manuel Aráoz 很早就有使用加密雜湊演算法來證明文件完整性的想法，但有個問題是無法得知文件是什麼時候建立的，直到區塊鏈的時間戳記功能出現，為文件添加可信賴的時間證明[26]。Proof of Existence 可以證明某份文件的所有權，不洩漏具體內容，並證明文件的確切建立時間。圖 3-1 是一張截自 Proof of Existence「最新註冊文件」畫面的截圖。

---

[25] Cawrey, D. "How Bitcoin's Technology Could Revolutionize Intellectual Property Rights." CoinDesk, May 8, 2014. *http://www.coindesk.com/how-block-chain-technology-is-working-to-transform-intellectual-property/.*

[26] Kirk, J. "Could the Bitcoin Network Be Used as an Ultrasecure Notary Service?" Computerworld, May 23, 2013. *http://www.computerworld.com/article/2498077/desktop-apps/could-the-bitcoin-network-be-used-as-an-ultrasecure-notary-service-.html.*

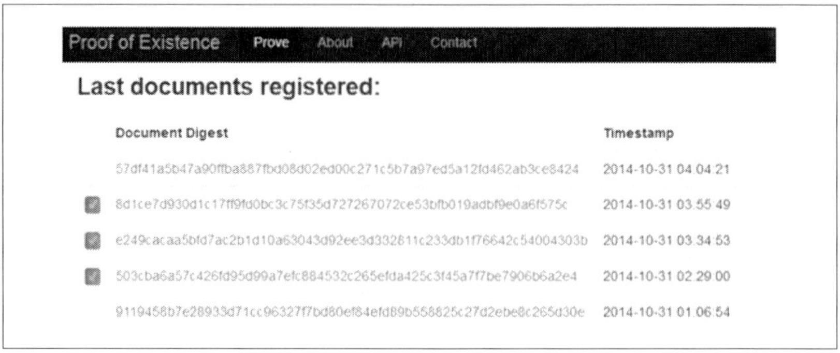

Proof of Existence Prove About API Contact

Last documents registered:

Document Digest	Timestamp
57df41a5b47a90ffba887fbd08d02ed00c271c5b7a97ed5a12fd462ab3ce8424	2014-10-31 04:04:21
8d1ce7d930d1c17ff9fd0bc3c75f35d727267072ce53bfb019adbf9e0a6f575c	2014-10-31 03:55:49
e249cacaa5bfd7ac2b1d10a63043d92ee3d332811c233db1f76642c54004303b	2014-10-31 03:34:53
503cba6a57c426fd95d99a7efc884532c265efda425c3f45a7f7be7906b6a2e4	2014-10-31 02:29:00
9119458b7e28933d71cc96327f7bd80ef84efd89b558825c27d2ebe8c265d30e	2014-10-31 01:06:54

圖 3-1 「最新註冊文件」（截圖自 Proof of Existence）

這個檔案認證服務讓區塊鏈以突破性的方式證明某個文件或數位資產在某個特定時間的存有狀態與確切內容。不容更改的時間戳記與文件內容的機密性，應用到眾多法律及公民市政服務，真可謂無可挑剔。律師、客戶和政府官員可以利用 Proof of Existence 證明許多重要文件的存在，如遺囑、契約、授權書、醫囑、本票等不便透露內容的文件。

有了區塊鏈時間戳記功能，使用者可以在現有時點證明一份文件（如遺囑）的存在並將內容保密，未來到法院訴請確認時，就可以證明這份文件未經更動，內容維持一致。這類認證服務可以應用到任何文件或數位資產中，例如開發者可以利用該認證服務為每個版本的程式碼建立獨立的雜湊序列，發明家可以證明他們的創意點子於何時出現，而創作者們可以保障各自的作品。

Proof of Existence 是這樣子運作的：首先，將你的文件（或任何檔案）上傳到網頁（*http://www.proofofexistence.com/*），接著會出現「選取或將文件拖曳到這裡」選項。Proof of Existence 並不會上傳或複製文件內容，而是（在用戶端）將該文件內容轉換成加密後的摘要或雜湊值。加密演算法可以建立摘要，或是代表數據的加密字串。依據文件特性使用雜湊演算法得出不同的摘要。除非是同一份文件運算出來的摘要，否則沒有兩個摘要會是完全一致的。因此，每個雜湊值可以代表對應文件的確切內容。

把文件的加密雜湊值插入至交易中，再把這筆交易紀錄寫入一個區塊中，如此一來該區塊的時間戳記也就等於這份文件的時間戳記，該雜湊值所對應的文件內容在本質上也被編碼到區塊鏈上了。當同一份文件再次被上傳至頁面時，會產生同樣的雜湊值，因此可以確認前後兩份文件是否完全一致。如果文件內容做了任何更動，新的雜湊值就會與當時編入區塊鏈的值不相符，這就是系統如何進行文件驗證的方法[27]。

認證服務的一大優勢是它有效地利用區塊鏈特性。不必儲存整個原始文件內容，只要將以私鑰存取的雜湊值保存到區塊鏈上就行了。每當需要確認文件的存有狀態時，只要重新運算的雜湊值與原先註冊在區塊鏈上的雜湊值一致，就證明文件沒有被修改過。雜湊值不需要（也不能）逆向回推到原始文件，雜湊算法是一種單向函式，也就是說極其難以由雜湊函式輸出的結

[27] Morgan, P. “Using Blockchain Technology to Prove Existence of a Document.” Empowered Law, accessed 2014. *http://empoweredlaw.wordpress.com/2014/03/11/using-blockchain-technology-to-prove-existence-of-a-document/.*

果，回推輸入的資料是什麼。可以將確認文件存在的檢驗過程當成一種「內容驗證服務」。至於這項服務的效期，取決於可以存取註冊在區塊鏈中的數位資產（的雜湊值）的私鑰是否被妥善保管。同時也代表使用者應該選擇一條在未來仍會存在的區塊鏈，因此，用戶應該選擇在標準區塊鏈（如比特幣區塊鏈）進行認證服務。

侷限性

誠然，使用雜湊加時間戳記的做法也有一定侷限。首先，已經有一些第三方服務免費提供這類認證服務，而使用區塊鏈認證的話還需要支付一筆小額手續費（以獎勵礦工）才能將數位資產寫入至區塊鏈中。另外，區塊鏈無法即時確認交易，時間戳記記錄的是文件「被寫入」區塊鏈的時間，但不是「提出」文件的時間點。

數位資產的確切建立時間對於智慧財產權註冊來說相當關鍵。其中最大的問題點是，時間戳記並不能當作所有權的證明。目前構想的區塊鏈認證服務只是剛起步階段，很有可能與其他應用數位身份證明來證明所有權或者以非區塊鏈時間戳記方式等相關服務整合，一同納入到區塊鏈生態系統的 3.0 版本中。

有些人認為相較於運算一些小檔案（如一般借據），使用雜湊算法運算非常大的檔案（比如一個 8GB 的基因組檔案）可能不夠安全，但這種擔憂是無稽之談。雜湊算法的優勢就在於可以對應任何檔案大小，雜湊值的長度（目前通常是 64 位元）才是考量安全性的關鍵，日後可以增加更多位元以確保檔案安全性。

威脅雜湊算法的安全性主要有二：逆向雜湊（透過逆向運算推導出當初被雜湊的原始內容）和雜湊碰撞（讓兩個不同的文件產生相同的雜湊值），而這兩項威脅對於目前區塊鏈中所使用的雜湊算法，影響相當有限。

Virtual Notary、Bitnotar 與 Chrodnobit

Virtual Notary 是另一個將區塊鏈認證概念化並加以實現的相關服務。如同 Proof of Existence，Virtual Notary 並不直接保存文件內容，而是對用戶當下提出的文件內容進行認證。針對不同的「檔案類型」，例如文件、網頁、Twitter 動態、股票價格、匯率、天氣、DNS 條目、電子信箱驗證、大學聯盟、不動產價格、條文與合約、亂數表等，都可以提供虛擬的公證證書。檔案可以用任何格式提出，包括 Word、PDF、JPG、PNG、TXT 或 PPT 等格式。

檔案經 Virtual Notary 認證後，網頁會產生可供用戶下載的證書，該網站還提供另一項服務一驗證已經存在的證書。Virtual Notary 的目標是成為中立客觀的事實見證人，提供線上認證服務，將認證紀錄以可信賴的方式提供給第三方。這項服務對現代人來說非常重要，因大部分的資料已經數位化了[28]。提供區塊鏈時間戳記功能還有 Bitnotar（*http://bit.ly/bitnotar*）與 Chronobit（*https://github.com/goblin/chronobit*）。另一個相關服務是 Pavillion.io，它提供基於區塊鏈的合約簽署服務，比 Adobe EchoSign 或 DocuSign 還更便宜，只要 0.001 個比特幣

[28] Sirer, EG. "Introducing Virtual Notary." Hacking, Distributed, June 20, 2013. hackingdistributed.com/2013/06/20/virtual-notary-intro/.

就能簽署合約，還可以免費發送合約[29]。類似的虛擬認證服務還有 Blocksign（*https://blocksign.com/*）和 btcluck（*http://bit.ly/btcluck*）。

Monograph：線上圖片保護

有個名為 Monegraph（*http://www.monegraph.com/*）的數位藝術保護計畫，高喊「因為有些藝術屬於鏈」的口號。這是一個區塊鏈 3.0 的應用，它嘗試以區塊鏈公開帳本作為新的手段，證明「概念」的存在。想要利用這個（目前免費的）應用，使用者只要將過去建立並於網路發佈的圖片進行資產註冊，就可以讓這些數位資產貨幣化。正如比特幣可以驗證貨幣的所有權，Monegraph 可以驗證數位資產的所有權，這即是區塊鏈應用在智慧資產上的案例。對於類似 Shutterstock 或 Getty Image 這類圖片儲存及圖片資料庫網站，Monegraph 會是一個具互補性的服務，未來也許還會新增強化圖片用途及圖片追蹤功能。

Monegraph 服務需要藉助 Twitter 和 Namecoin 一同完成。之所以使用 Namecoin 是因為它能以自動化、去中心化的方式驗證 DNS 註冊資訊，也可以應用到所有類似的 DNS 確認服務[30]。首先，為了證明圖片的所有權，用戶必須前往 Monegraph 網頁（*http://www.monegraph.com/*），以 Twitter 帳號登入（使用 Twitter 的登入授權介面），接著輸入圖片網址，然後 Monegraph 會自動在 Twitter 發

[29] Goss, L. “The High School Startup Using Blockchain Technology.” BitScan, August 27, 2014. *https://bitscan.com/articles/the-high-school-startup-using-blockchain-technology.*

[30] Cawrey, D. “How Monegraph Uses the Block Chain to Verify Digital Assets.” CoinDesk, May 15, 2014. *http://www.coindesk.com/monegraph-uses-block-chain-verify-digital-assets/.*

佈一則包含正確格式的網址，該網址可以連結到這張圖片。再來，在 Monegraph 發佈 Twitter 消息之後，會提供用戶一段代碼，請將該代碼複製貼上到 Namecoin 用戶端。用戶隨後在 Namecoin 錢包中發起一筆新的交易，將代碼當做金鑰和交易值（可以在這個網址查看交易細節：*http://bit.ly/monegraph_verification*）。

任何數位圖片都只會有一份具有 Monegraph 有效簽章的副本。因為 Monegraph 圖片都是普通圖片檔，就像一般圖片一樣可以被任意複製或發布，但唯有原始圖檔可以通過 Monegraph 的驗證機制。

Ascribe（*https://www.ascribe.io/*）是另一個數位藝術及版權保障服務，目標是針對智財權註冊管理機構開發底層的基礎架構。這家公司正在開發一個「所有權層」服務，為數位資產處理註冊及著作權轉讓等事宜。儘管現有的著作權法已經保障創作者對抗侵權行為，並給予創作者將作品商業化的權利，但時至今日，仍然沒有一個簡單可行且涵蓋全球範圍的資產註冊、許可及轉讓著作權的方式。Ascribe 旨在解決這項困擾，它利用雜湊算法和時間戳記功能，將數位資產註冊在區塊鏈上。註冊過程會先初步使用機器學習來偵測並解決任何對現有技術的挑戰。當所有權可以被轉讓時，將會催生數位智財權的二手市場。

Ascribe 可以處理數位藝術、照片、標誌、音樂、書籍、部落格文章、Twitter 消息、3D 設計模型及更多類型。使用者不需要學習複雜的區塊鏈知識、著作權法或機器學習理論，就能享受 Ascribe 的服務。Ascribe 的使用者以商業與企業用戶為大宗，當然個人用戶也可以直接使用 Ascribe 服務。

全自動數位資產證明

未來，透過區塊鏈註冊管理機構加以保護數位資產，可能會成為自動套用到所有數位資產的標準化功能。對某些資產和網站來說，可以在發布任何數位內容當下立即啟動數位資產保護功能。例如在 GitHub 發布程式碼、發布部落格文章、Twitter 消息、Instagram 或 Twitpic 照片，或是在論壇發文回應等情境下都適用。未來，數位資產保護功能可能就像購買機票時自動加保旅遊險一樣。在註冊 Twitter、部落格網站、維基百科、論壇或 GitHub 帳號時，用戶可以提供比特幣錢包位址，透過微支付（micropayment），支付註冊數位資產的費用。當數位貨幣成為嵌入網路的經濟層，就提供了微支付與微智財權保護（microIPprotection）的微內容（microcontent）功能。

無論微內容是否被貨幣化並批次記錄到區塊鏈交易，亦或是數位資產被註冊到各自的區塊鏈位址中，數位貨幣都提供了適用任一情境的基礎架構。區塊鏈認證服務可以有除了智慧財產註冊管理機構以外的更多延伸應用，比如這項服務可以大大滿足出版業的相關需求，就像版權轉讓或內容授權等需求。

可批次處理的公證鏈將是區塊鏈標準架構

這些只是區塊鏈科技的初步應用，若要發展為成熟的區塊鏈經濟，區塊鏈科技必須像網際網路一樣全面地影響人類生活，帶來第五波網路革命，這是我們必須體認的重要觀點。從這個角度來看，現時點所有區塊鏈相關應用都可以視為未來科技的原型。現在看似零散的服務在日後可能成為區塊鏈科技的一大類別。

就整體設計原則來說，我們希望區塊鏈基礎架構能提供各種領域的特定功能。不單只有獨立的區塊鏈認證服務，而是將「公證鏈」變成區塊鏈基礎架構的一部分。公證鏈正是一種 DAO / DAC 應用，彙整區塊鏈功能，進行更為複雜的操作。所謂公證鏈，就是透過區塊鏈協定實現區塊鏈認證服務的概念。比起將每筆交易一筆一筆寫入區塊鏈，公證鏈可以一次處理多筆交易，更加有效率。公證區塊（Notary blocks）由許多數位資產的雜湊值組成，將區塊再次雜湊運算，所得出的雜湊值可以再嵌入區塊鏈中，以公證區塊為單位寫入區塊鏈的方式，比起將數位資產一一進行認證，可以讓整個區塊鏈系統運作起來更有效率。因為雜湊值不能逆向推導回原始檔案的單向函式，寫入比特幣區塊鏈的公證區塊，可以用來證明它所包含的子雜湊值，也就是數位資產[31]。

若將區塊鏈設計提升到「產業級」DAO / DAC 階段，就會面臨在大規模架構中如何完美調度中心化與去中心化模式的問題。Factom（*http://www.factom.org/*）正是鑽研如何批次處理區塊鏈交易的計劃，利用區塊鏈的認證功能對多筆交易進行雜湊運算，避免區塊鏈膨脹的問題。

個人思想區塊鏈

我們可以推測在更遠的將來，區塊鏈科技的自動化帳本和量化追蹤裝置，可以延伸出另類的管理紀錄功能—提供生活紀錄及備份機制的「個人思想鏈」。這個「區塊鏈科技＋人體連接阜」

---

[31] Snow, P. “Notary Chains” (white paper). *https://github.com/NotaryChains/*.

的概念可以讓一個人的所有思想以標準壓縮檔格式編碼至區塊鏈上，以利後續應用。可以透過大腦皮層活動、腦電圖、銜接人腦與電腦的介面、認知奈米機器人及其他作法來捕捉人類的思想數據。如此一來，人類思想可以在區塊鏈中實體化—所有主觀經驗，甚至是內在意識，都將被準確定義。當思想數據被寫入區塊鏈時，就可以管理或交易不同的思想區塊，例如應用在中風後的記憶恢復療程。

區塊鏈雖然可以將健康紀錄和量化自我追蹤紀錄公開分享，但尚未發展出保障隱私並提供獎勵機制的合適模式，同樣地，精神思緒數據的共享機制或作法也尚未出現。也許人們不太願意分享個人思想數據，但是這類「生活串流＋區塊鏈科技」模式可以促進多種安全且保障隱私、有償的數據分享方式。

誠如前文所提，個人思想鏈可以紀錄生活，將個人的心理活動、情緒、主觀經驗等數據編碼到區塊鏈上妥善保存。個人思想鏈提供了備份功能，也可以當作個人歷史紀錄，留給後人傳承。個人思想區塊鏈或許就是下一世代的 Fitbit 或 Apple 的 iHealth（這些應用會自動紀錄 200 健康指標，並將數據傳送到雲端，累積數據並轉換成可用建議）。同樣地，個人思想數據可以用簡單、安全的方式紀錄存在區塊鏈上（假設已經解決所有區塊鏈相關隱私問題），可以透過類似 Siri 或 Amazon Alexa 的語音助理服務，針對使用者的心理活動提供建議，可能透過銜接人腦與電腦的無縫整合介面，有意識或無意識地提供建議。

讓我們繼續推測堪比科幻小說的情景，也許最終整個社會的歷史紀錄不再只由存放公共紀錄和檔案的典藏機構，與彙整所有數位活動的網路資料庫所組成，甚至也將所有個體的個人思想數據納入系統中。所有實體，不管是人或機器的想法、情緒，都可以被蒐集成一個個思想數據。將這些思想數據編碼並寫入生活紀錄區塊鏈中，間接地將所有「交易」（意即任何活動）都紀錄到區塊鏈上。

區塊鏈政府

另一個屬於區塊鏈 3.0 範疇，並且正在發展中的重要應用就是「區塊鏈政府」。使用區塊鏈科技，以去中心化、更低價、更高效，以及個人化的方式，供應現今國家政府所提供的服務。由區塊鏈科技實現許多新穎且多樣化的治理模式與服務。區塊鏈治理模式加以利用區塊鏈的優勢，也就是可將紀錄公開保存的特性。區塊鏈是一種涉及全球範圍，永久且持續運作，由共識驅動，允許公開審查的紀錄保管機制。區塊鏈是一種既能實現政府管理現狀的機制，也能作為資料庫蒐集典藏社會上所有檔案、紀錄以及歷史，以供未來之用，成為「全球社會紀錄保存系統」。不是所有在本文提及的概念及服務都只能以區塊鏈科技實現，不過使用區塊鏈的話可能會有附加好處，比如服務變得更值得信任，以及在任何情況下，這些服務都會成為公共紀錄的一部份。

區塊鏈治理隱含著政府機制可以從過去放諸四海皆準，要求眾人服膺單一「大我」的治理模式，轉變為能夠針對不同個體需求提供個人化服務的型態。想像一下未來到政府辦理服務時，就像到星巴克點一杯符合個人口味的咖啡一樣，可依個人需求定制適合的服務。個人化服務的例子就好比，某位居民可能會為更高級的垃圾處理服務支付更多費用，而另一位居民支付更多費用以選擇好學校。個人化的政府服務可以使用區塊鏈系統來實現，從而取代過去單一制式的服務。當政府服務更加精細化，可能就會出現如下作法：智慧城市可以發行 Roadcoin（道路幣）來補償在道路建設工程時過路司機所喪失的「應享路權」。同理，車主在不幸發生車禍時，可以立即支付，或經保險公司評估責失後再另行支付 Accidentcoin（事故幣）來補償過路司機所喪失的「應享路權」。

尼爾・史蒂芬森（Neal Stephenson）的科幻小說《雪崩》（Snow Crash）所描述的特許領事館（franchulates），終將在現實世界實現[32]。「特許領事館」一詞來自特許經營（franchise）和領事館（consulate）的概念，是一種提供民眾申辦準政府服務的收費型商業模式，而區塊鏈治理可以實踐這個概念。特許領事館最吸引人的特色在於態度的轉變：這個概念讓政府在治理上更像經營企業，不再自視壟斷一切，只需提供制式服務。政府應該更加積極與民眾（消費者）互動，根據不同的市場需求回應各自對應的價值主張和服務。

「在區塊鏈上的政府」與「將國家置於區塊鏈上」等主張背後的區塊鏈治理，隱隱企盼實現一個更能彰顯民意的制度。而實踐這種制度的方法是，與其依賴人類，不如以區塊鏈的智慧合約和 DAC 來代表民意。牽扯越少人類參與的治理機制，可以讓政府更小化、更節約，伴隨著更少的黨派劃分，更少介入政府操作的財團說客。正如區塊鏈科技讓金融系統的運作更有效率，將邊際成本壓低至零，區塊鏈科技也可以重新建構政府管理和公共行政任務。更節約的小型政府可以立即著眼於保證基本收入計劃（Guaranteed Basic Income Initiatives），促進平等並倡議公民參與政治，讓社會更容易過渡到自治經濟型態。

[32] Stephenson, N. Snow Crash. New York: Spectra, 1992. See also: *http://everything2.com/title/Franchulate.*

區塊鏈與去中心化模式的出現，致使人們開始質疑類似政府或保險這種現行基於人口規模的匯集模性，或許這種模型之所以成為公認標準，是因為其他模式尚未出現。然而，這種匯集模型可能不復經濟及政治意義。共識模型將會是更節省成本，而且更能忠實呈現民意的公開框架，可以消弭不公正及偏頗的情形[33]。

「區塊鏈是一項資訊科技」的概念進一步應證了區塊鏈治理可以提供創新、高效的治理系統，用來組織、管理、協調並紀錄所有人類行為及互動，小至個人，大至企業或政府皆適用。區塊鏈科技的出現，不僅質疑了現有政府運行效率，也促使人們重新思考那些不尊重（也不應該尊重）個體性的政府權利是否有其必要。到目前為止，大多數計畫都只著眼於治理服務的解決方案，因此以區塊鏈模型研發旨在維護個人權利的方案將是個不錯的切入點。

去中心化政府服務

「選擇你的政府，選擇你的服務。」將國家運作的概念套用到區塊鏈上，提供無國界、去中心化、基於區塊鏈的政府服務選項[34]。這一類服務包含，信譽導向的 ID 系統、爭議調解、投票機制、國家收入分配，以及各種法律文件的註冊服務，例如地契、醫囑、育兒合約、婚姻合約及成立企業的必要文件。

---

[33] Swan, M. "Illiberty in Biohacking, Personal Data Rights, Neuro-diversity, and the Automation Economy." Broader Perspective blog, March 2, 2014. *http://futurememes.blogspot.fr/2014/03/illiberty-in-biohacking-personal-data.html.*

[34] Prisco, G. "Bitcoin Governance 2.0: Let's Block-chain Them." CryptoCoins News, updated October 13, 2014. *https://www.cryptocoinsnews.com/bitcoin-governance-2-0-lets-block-chain/.*

區塊鏈可以用來確保安全身份、認證並儲存各類合約以及管理資產，這些功能使得區塊鏈非常適合用來紀錄婚姻，因為一對伴侶步入結婚即代表，為了更有保障的共同未來，他們同意締結婚姻合約來共享儲蓄帳戶（比如共用一個比特幣錢包）、育兒契約、地契，以及任何相關文件[35]。

事實上，全世界首例記錄在區塊鏈上的婚姻於 2014 年 10 月 5 日，在佛羅里達州的迪士尼樂園舉行（圖 3-2）。這場婚禮被上傳到比特幣區塊鏈上，將區塊鏈視為線上公開註冊機構。婚禮誓言記載於交易的備註欄位中，與價值 0.1 比特幣（約 32.5 美元）的比特幣交易一同被寫入區塊鏈中，成為永久的公開紀錄[36]。Liberty.me 的 CEO 傑佛瑞・塔克（Jeffrey Tucker）主持了這場婚禮，同時發表關於去中心化婚姻的好處，比起任何國家或州郡的現行婚姻制度，以區塊鏈紀錄和認證的婚姻更能實現婚姻平等及婚姻自由的訴求[37]。

如何知道「區塊鏈成為公開檔案註冊機構」時代已然到來？舉例來說，夫妻生活大小事都有了相應的比特幣預測市場合約，諸如生兒育女、購屋置產，甚至是訴請離婚等事件，都會被記錄到區塊鏈上。同時，社會科學研究也會觀察使用區塊鏈公證的婚姻關係是否比舉行宗教儀式或政府公證的婚姻更為長久。

---

[35] Hofman, A. "Couple to Get Married on the Bitcoin Blockchain at Disney Bitcoin Conference." Bitcoin Magazine, September 23, 2014. *http://bitcoinmagazine.com/16771/couple-get-married-bitcoin-blockchain-disney-bitcoin-conference/.*

[36] Marty, B. "Couple Make History with World's First Bitcoin Wedding." PanAm Post, October 7, 2014. *http://panampost.com/belenmarty/2014/10/07/couple-make-history-with-worlds-rst-bitcoin-wedding/.*

[37] Ploshay, E. "A Word from Jeffrey Tucker: Bitcoin Is Not a Monetary System." Bitcoin Magazine, January 3, 2014. *http://bitcoinmagazine.com/9299/word-jerey-tucker-bitcoin-monetary-system/.*

圖 3-2　全球首例比特幣婚禮。2014 年 10 月 5 日，David Mondrus 與 Joyce Bayo 於佛羅里達州的迪士尼樂園舉行比特幣婚禮。
（圖片來源：Bitcoin Magazine、Ruben Alexander）

基於區塊鏈的治理系統可以提供一系列原先由政府提供的服務，而所有的服務都是依照使用者意願，也就是公民意願，可以自由選擇利用。正如比特幣在某些情境下是比法定貨幣更好的選擇（因為使用比特幣交易更便宜、更有效率、便於傳送、可立即收到，而且是更進階的支付機制），區塊鏈治理也能帶來很多好處。過去由「法定」政府把持的各式服務，可以在區塊鏈治理模式中用更為便宜、更加分散、同時出於個人意願的方式執行。區塊鏈非常適合作為一個涵蓋全球範圍且提供搜索功能的公開記錄資料庫，記錄一旦被寫入區塊鏈即不可撤銷，永久保存。

所有政府法律文件諸如地契、合約及公民的身分資料等都可以儲存在區塊鏈上。正如必須將比特幣當作貨幣廣泛使用，才能取得大眾認同，基於區塊鏈的護照系統這類身份證明系統，也必須被大規模使用才能得到主流認可。World Citizen Project（全球公民計畫，*https://github.com/MrChrisJ/World-Citizenship*）為基於區塊鏈的護照系統撰寫程式碼[38]。這項計畫旨在以加密工具提供人人都負擔得起的去中心化護照申辦服務，達成「全球公民」的目標。

圖 3-3　World Citizen Project 的區塊鏈護照（圖片來源：Chris Ellis）

世界上任何人都有使用去中心化政府服務的權利。不管身處地球上哪一個板塊，所有人都可以享受由多家政府服務商提供的任何服務，而不囿於地區差異。過去眾多服務皆由政府壟斷，但在網路連結全球脈動的當今世界中，出現了區塊鏈政府服務的概念，政府壟斷不再是唯一作法。

像是比特幣一樣的全球通用貨幣及全球政府服務的出現，引發人們思考國家的本質將如何轉變，以及未來國家將扮演何種角色。國家從此形同家鄉，更像是人們的出生地，而不再是一個精確的地理區域。人們的所有日常活動，涵蓋了貨幣交易、

[38] McMillan, R. "Hacker Dreams Up Crypto Passport Using the Tech Behind Bitcoin." Wired, October 30, 2014. *http://www.wired.com/2014/10/world_passport/*; Ellis, C. "World Citizenship Project Features in Wired Magazine." Blog post, November 1, 2014. *http://chrisellis.me/world-citizenship-project-features-in-wired-magazine/*.

金融、專業活動、協作、政府服務及紀錄保存，都將在區塊鏈上運作。此外，比特幣是讓人類邁向新世界的契機，在這個新世界裡，人們可以自由來往於各國之間，享受全球一致的區塊鏈政府服務，減少在不同國家政治體系中周旋而產生的諸多不便。如同加密貨幣以標準程式碼運行，去中心化治理軟體也是開放資源，而且可以產生分叉（forkable）。因此，所有人都可以在區塊鏈這個協作平台上建立專屬的治理服務（DIYgovernance）。

將區塊鏈科技應用在所有權和契約上，就像比特幣可以用來匯款，去中心化區塊鏈政府服務能夠實現產權登記，也可以用來執行發展經濟學家赫南多•德•索托（Hernando de Soto）所倡議的計劃[39]。基於區塊鏈的去中心化政府服務，例如公開文件記錄或所有權登記，可以用來擴大某些組織的業務範圍，比如德•索托創辦的 Institute for Liberty and Democracy（ILD, *http://www.ild.org.pe*）。這個組織致力於記錄、評估並分析不受法律支配的領域，並將其納入現有的法律系統中。

基於區塊鏈的全球資產註冊機構可以滿足新興市場對所有權登記、轉讓、交易、價值獲取、機會及機動性的迫切需求，而這些服務在新興市場尚未萌芽，或仍在襁褓之中（同時，區塊鏈爭議調解服務也有望在新興市場中取得一席之地）。正如一些非洲國家跳過架設電纜線的基礎架設過程，直接邁向行動電話網路（就像在一些國家可以利用個人化基因組檔案研發預防性藥

[39] De Soto, H. The Mystery of Capital: Why Capitalism Triumphs in the West and Fails Everywhere Else. New York: Basic Books, 2003.

物[40]），新興市場國家也可以直接採用區塊鏈作為資產註冊機構。其他區塊鏈政府服務也能促進躍進式發展一例如，直接採用 Aadhar 服務（全球最大生物特徵資料庫[41]）為印度 25％尚無身份的人民發行國民身份證，同時解決由於幽靈身份與重複的身份證件氾濫造成的系統運作效率低落問題。

PrecedentCoin：調解區塊鏈爭議

另一個區塊鏈 3.0 應用 Precedent 更加致力於使用區塊鏈來解決紛爭。Precedent（*http://precedent.io/*）在概念上就像架設在區塊鏈上的《人民法庭》或《茱蒂法官》[譯註]。有鑒於到目前為止，中心化判例資料庫在解決人民之間的紛爭始終沒有發揮優勢，因此 Precedent 正在發展「去中心化自主法定程序組織」的概念，開發系統框架與可流通在這個系統的代幣，並吸引使用者形成 Precedent 社群。更多細節可參閱 The Precedent Protocol Whitepaper（*https://github.com/mdelias/precedent*）。

Precedent 的「多核心」去中心化司法系統讓用戶可以選擇各自喜歡的司法系統及功能，再度彰顯了在區塊鏈上個人化治理與個人化司法系統的特色。具有獎勵性質的 PrecedentCoin（先例幣）或 nomos，鼓勵使用者積極參與 Precedent 法律／爭議調解社群。

---

[40] Swan, M. “Crowdsourced Health Research Studies: An Important Emerging Complement to Clinical Trials in the Public Health Research Ecosystem.” J Med Internet Res 14, no. 2 (2012): e46.

[41] Mishra, P. “Inside India’s Aadhar, the World’s Biggest Biometrics Database.” TechCrunch, December 6, 2013. *http://techcrunch.com/2013/12/06/inside-indias-aadhar-the-worlds-biggest-biometrics-database/.*

[譯註] 兩部皆是美國電視法庭節目。

正如一群去中心化的比特幣礦工檢查、確認及記錄新交易來維護比特幣區塊鏈的運作，Precedent 社群的「爭議判例礦工」輸入新的爭議、已解決的爭議及過去判例到「爭議調解區塊鏈」（dispute resolution blockchain）來維持社群運作。區塊鏈上各爭議／判例條目相應的具體內容會安全存放在區塊鏈外的空間，即區塊鏈條目可作為索引之用。

Precedent 以附加在區塊鏈上的元協定（metaprotocol）的方式運作（就像 Counterparty 的運作結構）。判例證明（proof of precedent）是這個系統的共識機制，近似比特幣挖礦的工作證明或股權證明。本質上來看，Precedent 是一種點對點系統，由使用者決定哪項爭議需要調解，如果使用者認為新標準更加可行，也可以將分叉協定（升級到新版本）。社群幣 Precedentcoin 或 nomos 具有經濟功能，向 Precedent 網路提交爭議時需要支付 Precedentcoin，或是用來獎勵那些完成爭議調解任務的「礦工」（Precedent 礦工在概念上就像社群的「陪審人」或「公民爭議調解人」）。

人們必須深刻謹記，正如該計畫白皮書直言「Precedent 協定僅關注那些有爭議案例的可訴性，而無法保證最終結果是否公平或公正。」因此，該系統也存在被濫用風險，可以透過「共識」購買或收集社群貨幣，實現奇怪或不公平的決策。這項計畫旨在為那些在「法律上具有可訴性」的爭議下決定，而非著眼於事實上的爭議。

Liquid Democracy 與隨機抽樣選舉

其他區塊鏈治理致力於開發讓民主制度更有效率的運作系統。在 DAS（去中心化自治社會）模型中，可能需要為基於共識的去中心化政府系統及類似 BitCongress（*http://www.bitcongress.org/*）[42] 這樣的去中心化投票系統確立標準化原則。有些計畫專注發展「委任式民主」的概念，這是一種民主監督的形式，將投票權賦予委任代表（delegates），而非現代許多國會或議會選舉模式產生的議員（representatives）。Liquid Democracy（*http://liquidfeedback.org/*）正是一個提倡委任式民主與決策的開源軟體。

在 Liquid Democracy 系統中，一位政黨成員可以將指定另一位成員代為行使投票權，就意義上來說，是委託一位成員做為代表，而不是將選票投給這位代表。成員可以就任何議題，無論是關於特定政策，或是在任意時間長度內做的特定決定，將自己的選票委託給另一位成員。而且被委託的選票可以隨時回收。在這種機制中，一個成員可以快速成為政治體內多位成員的委任代表，行使某些保留給由選舉選出的議員被賦予的政治權利。不過，這位成員也可能很快喪失這些政治權利。這正是 Liquid Democracy 的「流動性」，這種權利變動的過程被稱為「推移式委任」。如果有位人士被公認是某個領域中具可信度的專家，想必他就能取得成員的選票。所以，在 Liquid Democracy 系統的任何人都有可能成為一位政治人物[43]。

---

42 Deitz, J. "Decentralized Governance Whitepaper." Quora, May 21, 2014. *http://distributed-autonomous-society.quora.com/Decentralized-Governance-Whitepaper*.

43 Ramos, J. "Liquid Democracy: The App That Turns Everyone into a Politician." Shareable, January 20, 2014. *http://www.shareable.net/blog/liquid-democracy-the-app-that-turns-everyone-into-a-politician*.

當然 Liquid Democracy 平台目前就存在許多潛在問題。其中一個問題就是如何維持系統的穩定且持續運作。這個問題或許可透過「代理人信譽機制」來解決，確認儲存在區塊鏈上的各成員信譽資訊來確保系統如常運作。

基於區塊鏈的「委任式決策」不僅可用於政治投票及制定政策層面，還能有更廣泛深遠的應用。舉例來說，有關「健康」的議題是一個經常委託代表來倡導、建議、決策的領域，而且缺乏問責追訴機制。而區塊鏈科技則提供了確實追蹤委任代表及強化問責制度的機會。例如，艾倫·布坎南（Allen Buchanan）的著作《Deciding for Others》中，提及委任式醫療決策的生命倫理細節，就可以在 Liquid Democracy 框架中實現[44]。這種框架可以改善健康照護相關決策，建立去中心化的倡導系統，造福許多沒有合適人選代為行事的人群。在更遠的將來，文化科技（cultural technologies）如區塊鏈還能為應用倫理學建立機制。

Liquid Democracy 同時也是供人們發表價值主張的平台，所有成員都可以提出新的主張。如果這個主張得到足夠多的成員支持，就能進入討論階段，進行修改或提出替代方案。在眾多提案中，取得多數支持的提案就可以進入投票表決階段。投票機制使用「偏好投票制」（排序複選制），確保選票結果不被近乎相同的提案而分散（可以想成投票的雙重支付問題）。所有的投票行為都在線上平台中完成。投票系統可以在不同的公開透明度下實施：公開投票制、匿名制或是可驗證匿名性的混合制。

[44] Buchanan, A.E. Deciding for Others: The Ethics of Surrogate Decision Making (Studies in Philosophy and Health Policy). Cambridge: Cambridge University Press, 1990.

Liquid Democracy 所做的決策究竟具有多少約束力，需要涵蓋哪些執行措施及後續措施，是目前尚待解決的問題。也許可將目前的 Liquid Democracy 機制當成協調投票，預測選舉風向的中介工具。

多年來始終有不少討論如何讓民主運作更加細致的想法，但直到網路及類似區塊鏈科技的系統逐步出現，這類複雜的動態決策機制才真的有望出現在現實世界中。舉例來說，以過渡式投票的形式實現委任式民主的想法，最初是由路易斯・卡羅（Lewis Caroll，《愛麗絲夢遊仙境》的作者）在他的著作《議會代表性原則》中提出[45]。

隨機抽樣選舉

除了委任民主制度，隨機抽樣選舉是另一個可以在區塊鏈治理中實現的制度。在隨機抽樣選舉中，隨機選出的選民們會透過電子郵件收到選票，並被導向到有著候選人辯論與活動聲明的選舉網站中。誠如密碼學家 David Chaum 的論述[46]，隨機抽樣的投票者（就像理想中的投票行為）更具有代表性，（至少這些被隨機選出的人也會存在未被充分代表的投票者），而且在區塊鏈上的隨機抽樣選舉模式，可以給予投票者更多私下審視議題的時間，充分研究後再做決策，不再讓意見擺盪在競選人的拉票

[45] Carroll, L. The Principles of Parliamentary Representation. London: Harrison and Sons, 1884. *https://archive.org/details/ThePrinciplesOfParliamentaryRepresentation*; Black, D. "The Central Argument in Lewis Carroll's *The Principles of Parliamentary Representation.*" *Papers on Non-market Decision Making* 3, no 1 (1967): 1–17.

[46] Chaum, D. "Random-Sample Elections: Far Lower Cost, Better Quality and More Democratic." Accessed 2012 (publishing data unavailable). www.rs-elections.com/Random-Sample%20Elections.pdf.

活動中[47]。區塊鏈科技能夠以大規模、可信任的、匿名的方式實施隨機抽樣選舉。

Futarchy：投票與預測市場的兩步式民主

還有另一個概念是「Futarchy」，由兩個步驟組成：首先人們先針對特定結果進行投票（例如：增加 GDP），接著針對可以達成前述結果的提案進行投票。第一步會採取正常投票程序，第二步驟則透過預測市場完成。預測市場投票可以使用 EconomicVotingCoin 或 EnvironmentalPolicyVotingCoin，或其他具有經濟意義的數位貨幣進行投票。預測市場是一種投資／投機行為，將籌碼押注在你覺得會成功的提案上。舉例來說，你認為「投資新的生物科技合約」是實現「增加 GDP」的最佳方案，所以你不會把籌碼投注在「投資農業自動化合約」上。有了隨機抽樣選舉制度，區塊鏈科技也許能更加有效地以大規模（去中心化、可信任的、被記錄的、非實名制）的方式實現 Futarchy 概念。

「為價值投票，為信念下注」這句話可以用來描述 Furtarchy 的概念，最先提出這個想法的人是羅賓・漢森（Robin Hanson）[48]，接著 Futarchy 被以太坊創辦人布特林（Vitalik Buterin）應用到區塊鏈情境中[49]。這正是證明區塊鏈技術擁有巨大變革力量

[47] Davis, J. "How Selecting Voters Randomly Can Lead to Better Elections." Wired, May 16, 2012. www.wired.com/2012/05/st_essay_voting/.

[48] Hanson, R. "Futarchy: Vote Values, but Bet Beliefs." Accessed 2013 (publishing data unavailable). *http://hanson.gmu.edu/futarchy2013.pdf.*

[49] Buterin, V. "An Introduction to Futarchy [as Applied with Blockchain Technology]." Ethereum blog, August 21, 2014. *https://blog.ethereum.org/2014/08/21/introduction-futarchy/.*

的典型案例。針對人類面臨的所有複雜決策，投票與傾向選定（preference specification）模型，就像使用區塊鏈科技的 Futarchy 兩步驟投票，很有可能成為普遍且廣泛適用的投票機制。這種機制將使人類協作提升至全新局面，遠比現在還要更加複雜。當然，任何包括 Futarchy 在內的新型治理結構都存在被濫用的可能性，儘管已經採用一些限縮權限及駭客防範措施，但仍須持續改善以提供更加健全的模型。

目前註冊區塊鏈交易所需的商定共識模型至少有兩種，未來可能會有更多模型出現。第一種共識機制是挖礦，由礦工們審查、確認與註冊區塊鏈交易。第二種共識機制是預測市場。如果有足夠的各自獨立且不相關的選民認為該事件在預測市場中會成立，那麼即可認定這個事件是真的。基於區塊鏈，去信任的點對點預測市場 Truthcoin（*http://www.truthcoin.info/*）希望消弭傳統預測市場存在的一些問題（例如對投票者的偏見），將預測市場的概念，結合比特幣的獎勵性貨幣與公開紀錄等特性 [50]。

長遠來看，Truthcoin 的願景是提供一種無須信任的預言服務，將可能相關的事件記錄到區塊鏈中。例如某些大眾感興趣的資訊，例如當前利率、每日最高溫，或是數位貨幣每天最高／最低價格及交易量等。對基於區塊鏈的智慧合約來說，提供資訊的獨立預言是價值鏈的關鍵角色。舉例來說，基於區塊鏈的抵押貸款服務可能需要未來某時間的利率，只要有預測未來資訊的可信任來源（像是廣受好評的獨立預言系統 Truthcoin），就可以自動整合並使用這些被預測的資訊（利率）。

---

[50] Cruz, K. "The Truth Behind Truthcoin." Bitcoin Magazine, September 25, 2014. *http://bitcoinmagazine.com/16748/truth-behind-truthcoin/.*

區塊鏈治理對社會成熟度的影響

區塊鏈治理的附加價值是，它讓人們重新構思並執行有關治理、權威、獨立性與參與度等議題，區塊鏈治理將人類社會帶到更趨成熟的階段。人們並不習慣將治理視為一種個人責任或是一種點對點系統，反而更習慣被權威式的中心化機構（如政府）主宰。我們對區塊鏈科技的許多面向感到陌生，好比必須「備份」錢這件事，但只要我們開始學習並使用新科技，就會逐漸適應全新的知識理論、行為模式與概念。然而我們還不習慣去中心化的政治權威和自治方式。

好在，我們已經足夠成熟，可以接受其他情境下的去中心化權威。就如資訊產業中的新聞與出版業已經被部落格和新的媒體業去中心化。娛樂產業也是如此，企業媒體與 Youtube 頻道共存，素人可以分享創作到網路上。整個價值鏈呈現長尾特徵，人們成為創造符合個人品味的創作者與審查員。

在 21 世紀，對人類來說，最關鍵的能力就是能夠審視挑選資訊內容，檢驗資訊品質與真實性。比特幣革命同樣發生在貨幣、經濟、金融與貨幣政策上。儘管很難想像政府及經濟這種中心化權力體系會出現去中心化的現象，相較之下文化與資訊領域中更容易出現權威的解構與轉移，不過我們依舊有理由相信社會成熟度一樣可以在這些情境中出現。

第四章

區塊鏈 3.0：超越貨幣、經濟與市場的效率及協作應用

區塊鏈科學：Gridcoin、Foldingcoin

區塊鏈科技極有可能徹底改變其他領域的運作模式，創新者們已開始設想如何結合區塊鏈科技。目前被廣為討論的方式是「點對點（peer-to-peer）分散式運算」，由獨立使用者自發性地為網路上的可分散式運算計畫提供未經使用的運算週期（computing cycle）。

SETI@home（為柏克萊大學的探索外星智慧計畫，以使用者貢獻的運算週期協助分析來自太空的無線電信號，尋找外星智慧

跡象），以及 Folding@home（為史丹佛大學所主導的蛋白質摺疊研究計劃，使用分散式運算來研究藥物設計和其他分子動力學問題）就是兩個知名的例子。參與 SETI @ home 和 Folding @ home 這兩項計劃，會使用基於區塊鏈技術所開發的數位貨幣來獎勵參與者。在 SETI@home 計畫，提供 Gridcoin，可通用於其運算平台一柏克萊開放式網路運算平台（BOINC）上所有研究計畫。而 Folding@home 則提供 FoldingCoin，是隸屬於 Counterparty 的代幣，可於 Counterwallet 中使用，也能兌換成更為流通的 XCP 加密貨幣（因此可以進一步轉換成比特幣或法定貨幣）。

挖礦機制帶來的大量電力資源浪費或許是最該解決的基本問題。礦工們與其費力耗時找出一個無意義數字，不如將挖礦機制的強大運算能力可以應用到更實際的任務上，解決現存科學問題。然而，挖礦演算法必須滿足某些非常特定的條件，比如必須產生不可反向推導得字符串或雜湊值，而在傳統科學運算問題的結構中不存在這類條件[1]。

有些加密貨幣計畫試圖賦予區塊鏈挖礦科學上的用處一例如，Primecoin（直譯為「質數幣」，*http://primecoin.io/*）要求礦工們找出屬於質數的長鏈（坎寧安鏈與雙向雙鏈），而不是將運算處理能力用在找出 SHA256 雜湊值（挖礦軟體程式依據既定參數隨機產生的特定數值，比特幣挖礦機制採用的就是雜湊算

[1] Wagner, A. "Putting the Blockchain to Work For Science!" Bitcoin Magazine, May 22, 2014. *http://bitcoinmagazine.com/13187/putting-the-blockchain-to-work-for-science-gridcoin/*.

法）[2]。在避免能源浪費的問題上可以有更大的進展，比如將已大規模平行運算的超級運算與桌機網格運算，轉換成與挖礦機制兼容的運算模式，加以利用本來就會被浪費的運算處理能力[3]。

即使 Gridcoin 沒有解決本來就會被浪費的挖礦運算力問題，至少它鼓勵礦工為研究計畫貢獻運算週期：以更好的利率（原本為 5GRC，最高可達 150GRC）獎勵那些在挖礦同時也提供運算週期的礦工們，區塊鏈科技最為人詬病的問題就是挖礦過程的浪費，包括未使用的運算週期和電力消耗。

有關能源消耗的報導諸如「自 2009 年起比特幣挖礦所消耗的能量相當於艾菲爾鐵塔 260 年的燈光照明」[4]，在 2013 年比特幣挖礦每天約消耗 982 兆瓦時（足供 31000 個家戶使用，或相當於半個大型強子對撞機所需能量[5]），大約每天耗費 1500 萬美

---

2 Buterin, V. "Primecoin: The Cryptocurrency Whose Mining Is Actually Useful." Bitcoin Magazine, July 8, 2013. *http://bitcoinmagazine.com/5635/primecoin-the-cryptocurrency-whose-mining-is-actually-useful/.*

3 Myers, D.S., A.L. Bazinet, and M.P. Cummings. "Expanding the Reach of Grid Computing: Combining Globus-and BOINC-Based Systems." Center for Bioinformatics and Computational Biology, Institute for Advanced Computer Studies, University of Maryland, February 6, 2007 (Draft). *http://lattice.umiacs.umd.edu/latticefiles/publications/lattice/myers_bazinet_cummings.pdf.*

4 Clenfield, J. and P. Alpeyev. "The Other Bitcoin Power Struggle." Bloomberg Businessweek, April 24, 2014. *http://www.businessweek.com/articles/2014-04-24/bitcoin-miners-seek-cheap-electricity-to-eke-out-a-profit.*

5 Gimein, M. "Virtual Bitcoin Mining Is a Real-World Environmental Disaster." Bloomberg, April 12, 2013. *http://www.bloomberg.com/news/2013-04-12/virtual-bitcoin-mining-is-a-real-world-environmental-disaster.html.*

元[6]。然而，這些對照標準並不明確，這些數字應該被視為很少還是很多呢？以及，艾菲爾鐵塔和大型強子對撞機又有什麼直接經濟效益呢？比特幣擁護者對上述評斷予以反駁，考量到目前金融體系的整體運作成本，舉凡各銀行分行的建設成本以及人事成本等，相較之下區塊鏈模式真的非常便宜。透過區塊鏈發送 100 美元的成本（手續費）遠遠低於採用傳統銀行手段。不過，人們依舊相當關心，比特幣機制要如何減低因挖礦導致的電力消耗，同時維持區塊鏈運作，展望區塊鏈 3.0 的創新應用。就像有人提出更具能源效率的加密貨幣如 Mintcoin（*http://mintcoin.cc/*）。

社區超級運算

SETI@home 和 Folding@home 都屬於社區超級運算計畫，用戶自願提供運算週期，而不涉及研究計畫內容的制定。更加強大的社區超級運算模式可能會採行區塊鏈的資源分配機制，允許非機構研究者將超級運算時間（supercomputing time）用在他們感興趣的計畫上。

在類似 Kickstarter 的模式中，個人用戶可以發起需要使用超級運算時間的計畫，募集計畫的合作者與投資人，並以代幣做為獎勵。Zennet，這一領域的早期計劃之一，就允許 Zennet 社群用戶透過區塊鏈結構，指定各自的超級運算計畫，使用由用戶分享出來的閒置運算力。（基於區塊鏈的）公民科學數據

6 Worstall, T. "Fascinating Number: Bitcoin Mining Uses $15 Million's Worth of Electricity Every Day." Forbes, December 3, 2013. *http://www.forbes.com/sites/timworstall/2013/12/03/fascinating-number-bitcoin-mining-uses-15-millions-worth-of-electricity-every-day/.*

分析計畫正在發展，而《維基經濟學》一書中提到「在開源數據集上的大規模協作」或許就是最早的例子[7]。差別在於：使用區塊鏈科技代表這些公民科學計畫可以在非常大的規模內一實際上是最大的規模一實施，是目前（礙於資源限制）的公民科學家遠無法企及的計畫規模。《維基經濟學》及其他例子已經證實公民科學研究也是為科學做出有效貢獻的一條渠道[8]。舉例來說，在 DIYweathermodeling 計畫中，公民科學家可以為氣候變遷辯論這類大規模議題，提供論點證據。

全球公共衛生：以比特幣為傳染病提供救援

在全球公共衛生領域中，可以使用區塊鏈科技來應對類似伊波拉病毒或其他傳染性疾病，在疫情爆發時提供更高效、直接、準確的資金援助[9]。傳統銀行業的資金流動時常趕不上危機處理過程中對物資或資金援助的迫切需求，相對地，比特幣機制能夠迅速將資金傳送到一個公開、可供審查的，可追蹤來源的特定位址上。個人的點對點式援助以及以機構為單位的援助都可以使用比特幣進行支付。

在新興市場國家（行動電話的滲透率高達 7 成以上），有許多基於簡訊的比特幣錢包和傳輸服務，例如 37Coins（*https://*

---

[7] Tapscott, D. and A.D. Williams. Wikinomics: How Mass Collaboration Changes Everything. New York: Penguin Group, 2008.

[8] Anonymous. "EteRNA." *Scientific American*, (publishing data unavailable). *http://www.scientificamerican.com/citizen-science/eterna/*.

[9] Vigna, P. and M.J. Casey. "BitBeat: Could Bitcoin Help Fight the Ebola Crisis?" The Wall Street Journal, October 8, 2014. *http://blogs.wsj.com/moneybeat/2014/10/08/bitbeat-could-bitcoin-help-ght-the-ebola-crisis/*.

www.37coins.com/）[10]、Coinapult（*https://coinapult.com/*），以及整合了 M-Pesa 行動金融平台的 Kipochi（*https://www.kipochi.com/*）[11] 等計畫（透過手機行動付款的總金額相當於肯亞全國 GDP 的 37%）[12]。可以在 Healthmap（*http://healthmap.org/*）及 FluTrackers（*http://www.flutrackers.com/*）等傳染病追蹤網站中開發可接受比特幣捐款或有償代幣的應用程式。

慈善捐贈和區塊鏈—Sean's Outpost

Sean's Outpost（*http://seansoutpost.com/donate/*）是一家以接收比特幣捐款而聞名於世的慈善機構。總部位於美國佛羅里達州彭薩科拉（Pensacola），成立宗旨為幫助無家可歸者的非營利組織。Sean's Outpost 憑藉用戶沒有其他場合或不知道該怎麼使用比特幣的情況下，以及比特幣新創企業用 Sean's Outpost 當作例子，展示如何在網路上發送比特幣的背景優勢，籌集了大量慈善捐款，進行許多慈善計畫，如庇護無家可歸者的「中本聰森林」[13]。

---

[10] Cawrey, D. "37Coins Plans Worldwide Bitcoin Access with SMS-Based Wallet." CoinDesk, May 20, 2014. *http://www.coindesk.com/37coins-plans-worldwide-bitcoin-access-sms-based-wallet/.*

[11] Rizzo, P. "How Kipochi Is Taking Bitcoin into Africa." CoinDesk, April 25, 2014. *http://www.coindesk.com/kipochi-taking-bitcoin-africa/.*

[12] Mims, C. "M-Pesa: 31% of Kenya's GDP Is Spent Through Mobile Phones." Quartz, February 27, 2013. *http://qz.com/57504/31-of-kenyas-gdp-is-spent-through-mobile-phones/.*

[13] Buterin, V. "Sean's Outpost Announces Satoshi Forest, Nine-Acre Sanctuary for the Homeless." Bitcoin Magazine, September 9, 2013. *http://bitcoinmagazine.com/6939/seans-outpost-announces-satoshi-forest/.*

區塊鏈基因組服務

在許多區塊鏈相關計畫中體現的民主、自由特性，也可以在「消費者基因組學」[譯註]中展現。這個概念試圖將各種組織放到區塊鏈上（以去中心化、安全的方式放到雲端）來避免組織運作受到司法規約牽制。有這樣的需求並不代表所有人都是有非法意圖的「壞玩家」，相反地，這項需求體現了人們對於管轄政府機構缺乏信任與支持，無法擁護共同價值觀。

在區塊鏈時代，傳統政府治理模式已經逐漸過時，特別是當我們可以預見政府結構有可能從家長式的、單一化的結構轉變成更加細分化、更加個人化的治理模式。基因組學可以成為在去中心化區塊鏈的跨國組織一員，就像 ICANN、維基解密、Twitter、維基百科、GitHub，以及類似 DAC（去中心化自治企業）的新型態商業一樣。跨國區塊鏈基因組學使得掌握個人資訊權（掌握個人基因遺傳資訊）變成一種基本人權，再加上基因組測序成本越來越低，消費者取得基因組資訊愈加容易。

有一方觀點認為，消費者基因組學可視為人身自由權受侵害的典型案例。在美國與許多歐洲國家，家長式的政府政策（受醫療產業強力遊說影響）限縮了個人取得基因數據的權利。

即使在允許將個人遺傳資訊應用到醫療保健層面的國家，也始終沒有讓個人取得基因數據的機制。美國一些知名基因組研究者試圖公開證明「美國食品藥物管制局（FDA）在消費者基因

[譯註] 使消費者購買和使用基因組相關服務。

組學過度謹慎」[14]，並且在研究結果中申明允許個人獲取自己的基因數據，並不會造成不利影響[15]。事實上，允許個人獲取基因數據可能帶來正面效果：在「理性人」（human-as-rational-agents）模型中，在知悉個人的遺傳基因有潛在的阿茲海默症傾向後，有百分之八十的人會改變生活習慣（諸如規律運動及攝取維他命等）[16]。其他新聞報導持續追蹤個人如何取得自己的基因數據，並發現非常有用—比如，可以了解罹患阿茲海默症或心臟病的風險[17]。

受限於政府家長式的管理風氣，以及針對「預防醫學」研究領域並沒有明確的政策規範等因素影響，有些美國的消費者基因組學公司關閉（如 deCODEme[18]），有些轉而發展醫師權限管理模型（如 Pathway Genomics、Navigenics），或者被迫大幅削

[14] Green, R. and N.A. Farahany. "Regulation: The FDA Is Overcautious on Consumer Genomics." Nature, January 15, 2014. *http://www.nature.com/news/regulation-the-fda-is-overcautious-on-consumer-genomics-1.14527.*

[15] Wright, C. et al. "People Have a Right to Access Their Own Genetic Information." Genomes Unzipped: Personal Public Genomes, November 3, 2011. *http://genomesunzipped.org/2011/03/people-have-a-right-to-access-their-own-genetic-information.php.*

[16] Green, R.C. et al. "Disclosure of APOE Genotype for Risk of Alzheimer's Disease." New England Journal of Medicine 361 (July 16, 2009):245–54. *http://www.nejm.org/doi/full/10.1056/NEJMoa0809578* and discussed in further detail at *http://www.genomes2people.org/director/.*

[17] Regalado, A. "The FDA Ordered 23andMe to Stop Selling Its Health Tests. But for the Intrepid, Genome Knowledge Is Still Available." MIT Technology Review, October 19, 2014. *http://www.technologyreview.com/featuredstory/531461/how-a-wiki-is-keeping-direct-to-consumer-genetics-alive/.*

[18] DeCODEme. "Sales of Genetic Scans Direct to Consumer Through deCODEme Have Been Discontinued! Existing Customers Can Access Their Results Here Until January 1st 2015." *http://en.wikipedia.org/wiki/DeCODE_genetics.*

減消費者導向的業務（23andMe[19]）。基於區塊鏈的基因組學服務可望為個人提供低成本的基因組測序服務，以私鑰獲取基因數據。

對於公共衛生及醫藥領域來說最大的挑戰就是，如何從「只能治療被診斷出來的病症」的現階段邁入擁有以豐富數據為後盾的「預防醫學」全新時代，維持大眾健康、延長人類壽命並提升健康基本水準[20]。透過個人化大數據，對未來潛在健康狀態提供預測資訊，讓這種健康時代不再只是空中樓閣，泛泛空談。而個人化基因組學（personalized genomics）正是最關鍵的健康數據，可用在預防醫學研究上，或提升個人對遺傳基因的認知，為自身健康採取保健措施[21]。

事實上，截至 2014 年 11 月，有個名為 Genecoin（*http://genecoin.me*）的區塊鏈基因組計畫，發布一個網頁來衡量消費者是否有意願將基因檔案保存到區塊鏈上，並將 Genecoin 服務定位成「備份自己的 DNA」的一種方法[22]。

---

19 Castillo, M. “23andMe to Only Provide Ancestry, Raw Genetics Data During FDA Review.” CBS News, December 6, 2013. *http://www.cbsnews.com/news/23andme-to-still-provide-ancestry-raw-genetics-data-during-fda-review/.*

20 Swan, M. “Health 2050: The Realization of Personalized Medicine Through Crowdsourcing, the Quantified Self, and the Participatory Biocitizen.” J Pers Med 2, no. 3 (2012): 93–118.

21 ———. “Multigenic Condition Risk Assessment in Direct-to-Consumer Genomic Services. Genet Med 12, no. 5 (2010): 279–88; Kido, T. et al.” Systematic Evaluation of Personal Genome Services for Japanese Individuals." Nature: Journal of Human Genetics 58 (2013):734–41.

22 Tamblyn, T. “Backup Your DNA Using Bitcoins.” Huffington Post UK, October 30, 2014. *http://www.hungtonpost.co.uk/2014/10/30/genecoin-genome-backup-bitcoin_n_6076366.html.*

區塊鏈基因組 2.0：全人類規模的工業化測序方案

將基因組測序服務結合區塊鏈科技，讓個人可以在不受政府法規管制的情況下，利用私鑰存取基因檔案。然而，另一個更實際的考量在於，若要滿足全球七十億人口基因測序的高效處理需求，勢必需要更大規模的運作模型，而區塊鏈科技正好可做為實現這項計畫的完美機制。

個人透過消費者導向基因組服務獲取基因檔案的行為，在某種角度是一種概念的初步體現（是健康知識的推廣媒介，也是向個人傳達檢查結果與建議的可行機制），然而這種個別的基因組測序行為無法滿足「全人類規模」的基因組測序需求。這時，具有記錄保存、檔案存放與存取功能（以安全、去中心化、匿名的方式將在雲端存放或使用檔案）的區塊鏈運作模式，可望為下一階段的基因組測序服務提供助力，發展工業化基因組測序服務。姑且不論個資使用權爭議，將區塊鏈科技結合基因組測序服務都是一項嘗試。為全人類基因組測序只是其中一種應用面向，基因組測序服務還有更廣泛的應用範疇，諸如為所有植物、動物、農作物、病毒、細菌、病原體、微生物、癌症基因組、蛋白質組為對象進行基因組測序。

關於如何讓基於區塊鏈的跨國基因組服務，在規模化的同時確保運作效率，業界有一番討論。為了促成「統一的人類社會」，大規模基因組測序服務所涵蓋的範圍、規模與相應資訊處理量在在證明了跨國基因組服務不是只強調「跨國性」，更重要的是務必整合雲端系統（因為基因檔案過大，難以在本機電腦儲存或操作），而區塊鏈科技可以滿足「跨國性」與「雲端儲存」需求。考量成本、技術、設備、規模等因素，成立「跨國區域中心」進行基因組測序服務與基因檔案管理，將會是發展這個產業的最佳方案。比起各個國家自食其力，各自發展，這個聯合開發計畫更具有效率。

區塊鏈科技有望為基因組測序服務帶來工業級高效處理能力—在單位時間內完成上百萬甚至上億次基因組測序服務，遠遠超過今日規模。然而，就現實層面來看，區塊鏈科技可能只堪堪滿足部分需求，為了實現工業級基因組測序服務，還有其他更為關鍵的問題需要解決（資訊處理及數據儲存問題是真正的瓶頸）。不過，區塊鏈生態系統為許多領域注入新的運作方法，區塊鏈也可望為工業級基因組測序服務提供助力，比如套用「去中心化」的概念，從不同角度重新構思問題，從而發展出基因組測序服務的全面解決方案。

區塊鏈科技是一種促進數量級成長的通用模型

區塊鏈機制與運作模式，可為發展下一個數量級成長的眾多科技領域提供指標性作用，比如讓大數據（big data）科技發展成「真正的大數據」，或甚至提升到更高層次。而基因組測序服務恰好可以結合區塊鏈科技，推動該領域的數量級成長。

Genomecoin, GenomicResearchcoin

即便不考慮重新發展基於區塊鏈的工業級全人類規模的基因組測序計畫之長期發展可能性，光是將區塊鏈科技納入現行測序服務中也能發揮區塊鏈的功能。從概念上來說，就像在全人類基因組雲端儲存服務 DNAnexus（*https://www.dnanexus.com/*）中加入數位貨幣或區塊鏈功能。與大學研究機構（貝勒醫學院的人類基因測序中心）和亞馬遜（Amazon Web Services）共同合作，DNAnexus 也許是目前最大的基因檔案儲存庫，截至 2013 年已擁有 3,751 份完整人類基因和 10,711 份外顯子組（exome，共 440 兆位元組）檔案[23]。到目前為止的成果是建立一個保存 4,000 份人類基因檔案的儲存庫，然而還有 70 億人口的基因檔案尚待記錄，這也顯示人類完整基因測序這類大數據計畫對於大規模運作模式的迫切需求。DNAnexus 資料庫沒有開放給大眾使用，全世界只有 300 位基因學研究者有使用權限。

基因檔案共享組織（Genomic Data Commons）[24] 是一個由美國政府資助，專注於基因組研究和個人化醫療的大型數據倉儲（data warehouse）與計算科學（computational computing）計畫。據說所有在美國的研究人員都有權使用該計畫資源。將數據整合至標準的統一儲存庫並給予特定人員使用權限，可謂一大邁進。接著，可以採行 Genomecoin 這種數位代幣，拓展基因檔案共享組織的使用範圍，發展為全世界任何人都可以使用的

[23] Grens, K. "Cloud-Based Genomics." The Scientist, October 28, 2013. *http://www.the-scientist.com/?articles.view/articleNo/38044/title/Cloud-Based-Genomics/.*

[24] Jiang, K. "University of Chicago to Establish Genomic Data Commons." University of Chicago News, December 2, 2014. *http://news.uchicago.edu/article/2014/12/02/university-chicago-establish-genomic-data-commons.*

「公共財」。其次，可以賦予代幣更多功能，為基因檔案共享組織社群的協作活動提供相關追蹤、協作、信貸、獎勵機制。就如同前文提到《維基經濟學》的例子，讓開源數據集達到最大應用的做法，就是將數據集開放給來自不同領域、背景的個人或團隊，把這些數據應用到他們開發出來的任何模型中。

「比特幣／區塊鏈經濟學」的其中一項優勢在於，區塊鏈科技可以自動嵌入到任何系統並具有經濟功能。在基因組測序與儲存服務中，可以多方應用區塊鏈的經濟特性，比如使用區塊鏈的追蹤與記帳功能，取得更加精確的研究成本；或是將區塊鏈作為微支付獎勵機制，以 Genomecoin 或 GenomicResearchcoin，為機構或個人檔案貢獻者提供獎勵。

區塊鏈的經濟／記帳追蹤功能進一步促進區塊鏈其他應用，例如在大規模人類協作計劃中，可以使用區塊鏈的追蹤功能來確認各使用者對計畫的貢獻（就像 GitHub 的署名或是保障智財權的數位資產）。在鼓勵個人參與大規模協作計劃中，確認貢獻歸屬（attribution）是非常重要的。

區塊鏈健康

未來可能會出現各式各樣的區塊鏈（帳本），記錄與追蹤不同類型的處理過程（process），交易並提供用戶取得各式各樣的資產，其中包括數位健康資產。「區塊鏈健康」是指在健康相關的應用上採用區塊鏈科技[25]。區塊鏈健康的關鍵優勢在於，儲存在區塊鏈結構上的健康數據，可以在被分析的同時保有私密性，並利用嵌入區塊鏈的經濟層來獎勵貢獻與使用健康數據等行為[26]。

Healthcoin

Healthcoin（健康幣）有望成為在健康相關支出時廣泛通用的指定數位貨幣或代幣，促進醫療服務體系的價格透明化及合理化。國家健康計畫的服務項目可以使用 Healthcoin 計價與付款。這將有助於改善醫療服務產業中普遍存在的效率低落問題。

價格透明化以及公定的價目表有望促成以下結果，比如每一次使用某種醫療服務時，只需要固定支付 5 個 Healthcoin，而不是像（美國）現行系統一樣，不同的消費者可能會支付不同的金額（看診費用的差異是因為各醫療保險公司收費制度及保險計畫內容不盡相同）。

[25] Swan, M. "Blockchain Health—Remunerative Health Data Commons & Health-Coin RFPs." Broader Perspective blog, September 28, 2014. *http://futurememes.blogspot.com/2014/09/blockchain-health-remunerative-health.html.*

[26] HL7 Standards. "20 Questions for Health IT #5: Bitcoin & Blockchain Technology." HL7 Standards, September 8, 2014. *http://www.hl7standards.com/blog/2014/09/08/20hit-5/.*

區塊鏈上的電子健康紀錄：個人健康紀錄儲存

個人健康紀錄可以使用區塊鏈來儲存及管理，將區塊鏈當成大型電子病歷（eletronic medical record, EMR）系統。利用區塊鏈科技的非實名特性（將資訊編碼到數位位址，而不是一個名字）以及隱私性（只能透過私鑰存取），可以將個人健康紀錄編碼成數位資產，像數位貨幣一樣被寫入區塊鏈中。

如果有需要的話，個人可以透過分享私鑰，提供醫療健康紀錄給醫生、藥局、保險公司和其他相關團體。此外，將電子病歷放到區塊鏈上有望提倡統一格式的電子病歷，以便解決一個存在已久的問題：儘管許多大型健康醫療服務商大多已經採用電子病歷系統，但卻常因病歷格式差異甚大，無法共享或協作。而區塊鏈科技可以提供具備通用格式的資料庫，用於處理大規模人口的電子病歷系統。

區塊鏈健康研究共享組織

建立標準化電子病歷資料庫的好處之一，正是看中「資料庫」的特色：可供研究人員利用，將健康資訊以統一格式儲存的標準化資料庫。到目前為止，幾乎所有健康資訊都存放在難以觸及的私有數據倉儲中，例如，全球最大健康縱向研究機構之一的 Franmingham Heart Study 的健康數據就是如此。

區塊鏈可望提供一個標準化的安全機制，將健康數據數位化，發展只有研究人員具使用權限的健康數據共享組織。DNA.bits正是一家基於區塊鏈的新創公司，提供將病人的 DNA 記錄編碼到區塊鏈的服務，而研究人員可以透過私鑰取得這些數據[27]。

在區塊鏈上不僅能建立私人健康數據研究共享組織，當然也可以成立公共健康數據共享組織。區塊鏈科技可望公共健康資訊共享組織提供極具成本效益的運作模型。在不同程度的隱私考量下，就像將個人基因組數據分享至 23andMe、使用（如Fitbit）自我量化追蹤設備，或是同意如 MapMyRun 等健康與健身應用程式記錄數據等行為，相信許多人願意將個人健康數據分享到數據研究共享組織中。然而，目前尚未出現這樣的嘗試。將這些健康數據蒐集到一個公共的健康共享組織中（就像健康領域的維基百科一樣），對所有人開放，讓公民科學家和機構研究人員都能對這些數據進行分析作業。這裡的假設是，統整健康相關數據（基因組、生活型態、病史等），並利用機器學習與其他演算法加以運算，可以判斷各數據之間是否具相關性，而運算結果可能有助於健康保健與預防醫學等領域[28]。

以整合儲存在區塊鏈上的個人健康紀錄的方式，健康研究的運作可以更具效率（將健康數據存放在區塊鏈外，在區塊鏈上保留可引導至該數據位置的指標）。區塊鏈的經濟特性也可以促進

---

27 Zimmerman, J. "DNA Block Chain Project Boosts Research, Preserves Patient Anonymity." CoinDesk, June 27, 2014. *http://www.coindesk.com/israels-dna-bits-moves-beyond-currency-with-genes-blockchain/.*

28 Swan, M. "Quantified Self Ideology: Personal Data Becomes Big Data." Slideshare, February 6, 2014. *http://www.slideshare.net/lablogga/quantied-self-ideology-personal-data-becomes-big-data.*

研究運作。使用者可能更願意將個人健康數據分享到像區塊鏈這樣的公共健康數據共享組織中，首先因為這更具隱密性（所有數據都被加密且以匿名方式呈現），其次是因為用戶還能獲得 Healthcoin 或其他類型的數位貨幣作為獎勵。

區塊鏈健康公證

健康產業中，「公證形式的存在證明」服務是常見的需求。保險證明、測試結果、處方籤、疾病狀況、身體條件、治療方案與醫師轉介函等健康證明文件都是常見的例子。

在區塊鏈健康領域中全面應用區塊鏈的「公證功能」。可以將健康檔案編碼，當作一種數位資產，寫入區塊鏈中。使用加密科技即可在極短時間內驗證檔案，而不是像現有傳統技術需要耗費好幾個小時才能完成。區塊鏈的私鑰功能也可以讓類似性病篩檢的特定醫療服務與結果通知作業更有效率，同時保障個人隱私。

醫生、廠商 RFP 服務與保證合約

區塊鏈健康可望為所有健康醫療服務創造雙向市場。醫生和醫療機構可以透過「競價機制」獲得為病人／消費者提供醫療服務的資格。就像 Uber 司機透過出價機制提供載客服務[譯註]，醫生們可以透過「競價」，參與髖關節置換手術及相關醫療服務，這種機制至少（在 Healthcoin 運作中）在一定程度上提升了醫療健康產業的價格透明化及運作效率。這個競價機制可以在交易

譯註　Uber 採浮動收費費制，依照供需情況調整收費。

網路（tradenet）上自動運作，加以提升運作自主性、效率與公平性。

病毒庫、種子庫備份

區塊鏈在醫療健康服務領域除了標準化資料庫及健康數據共享組織的應用外，還能提供備份與歸檔功能。不僅滿足從業人員的操作需求，更具有記錄人類數據的歷史意義。這正是將區塊鏈作為公共財的應用實例。區塊鏈備份可以為現實世界的病毒庫、基因庫及種子庫提供額外一層安全保障措施。

區塊鏈可望成為數位世界的斯瓦爾巴全球種子庫（Svalbard Global Seed Vault，一個保存全世界農作物種子的貯藏庫）；或者成為世界衛生組織（WHO）指定資料庫，建立疾病管制中心（CDC）儲存諸如天花病毒的病原體。應用區塊鏈模式的顯著優勢在於，當疾病不幸爆發，全世界的研究人員可以利用私鑰存取相關病原體的基因檔案，縮短反應時間。

區塊鏈學習：比特幣大規模開放式線上課程（MOOC）與基於智慧合約的素養教育

基於區塊鏈的智慧合約可以發展無數用途，其中之一是智慧素養教育合約。比特幣 MOOC（大規模開放式線上課程）與智慧素養教育合約蘊含著將新興市場的智慧合約學習方式開放給全世界所有人的抱負，就像傳統的 MOOC 將教育課程開放給全世界所有人一樣。正如比特幣重塑了匯款方式並融入現有金融體系，基於區塊鏈的點對點智慧合約也可望為外國援助手段帶來一番新氣象。這個概念類似 Kiva 或 Grameen 微借貸，或者類似 Heifer International 2.0 計畫（旨在幫助農戶擺脫貧困），可以提供點對點的金融援助，更重要的是讓點對點援助的設置不再是貨幣導向，而是以個人發展為出發點。區塊鏈學習（Blockchain Learing）就是去中心化的學習合約。

提高新興市場國家文化水準（這似乎是消滅貧窮的關鍵指標）的一種方法是在捐贈者／贊助者與學習者之間，建立提升識讀能力的去中心化智慧合約。就像比特幣是一種在各國之間進行貨幣交易的去中心化交易手段（只收取極低手續費，沒有中間人），去中心化合約系統可以幫助學生或學生團體以類似的點對點模式建立學習合約，概念上近似個人化的可汗學院（Khan Academy）課程。

學習者可以從來自世界各地的捐贈者手中獲得比特幣、學習幣（Learncoin）或其他代幣，並直接存到各自的數位錢包，例如 37Coins、Coinapolt 或 Kipochi（直接以比特幣進行消費，或兌換成當地貨幣），用來資助教育相關開銷。讓這條價值鏈有效運作的關鍵在於建立回報機制（如，可使用以太坊智慧合約自動執行合約內容）來證明學習者的學習進度。透過標準化的線上測驗確認學習成效（包含確認學習者的數位身份，例如基於比特幣位址的短用戶名稱），嵌入智慧學習合約中的規定可以自動確認學習模組課程的完成度。若學習者完成學習合約所設定的條件，就能自動觸發資金發放行為，以供下一階段學習模組之用。

區塊鏈學習合約可以讓學習者和贊助者完全以點對點的方式進行互動，並且直接採用全自動的軟體合約。再重申一次，這個概念是將 Kiva 或 Heifer International 等非營利組織的運作模式（也就是直接的點對點模式）結合區塊鏈科技，在區塊鏈上建立個人化學習合約服務。

Learncoin（學習幣）

Learncoin（學習幣）可作為基於智慧合約的素養教育系統之通用貨幣，學校、學生團體或個人可以發行專屬代幣：美瑟莉學習幣（MethelieLearncoin）、肯亞呼魯馬女中代幣（Huruma Girls High School token）或 PS 135 代幣，這些專屬代幣可以再兌換成學習幣及比特幣。世界上任何學校都可以使用學習幣或以該校命名的代幣進行募款。

正如前文，由醫生提出的需求建議書（Request For Proposal）將健康醫療市場分為供需兩方，學生或學生團體可以將各自的開放學習合約（或資金需求與預算書）張貼至「學習交易所」

（Learning Exchange），讓處於交易另一端的資助者提供資金，完成交易。

學習合約交易所

學習合約交易所（learning contract exchanges）可望提供更廣泛深遠的應用，例如，成為一種普遍適用的學習模式。政府職員、畢業生、企業員工的培訓就可以使用學習合約交易所的模式。學習合約交易所的出現，可以為法律、資訊科技、醫學等要求人才持續進修的領域，重新塑造或提升改善「持續專業教育」（Continuing Professional Education, CPE）課程。

具有發展性的學習合約可以在新興市場中開發多種應用方式。屆時將會出現各式各樣的「素養」合約，內容可能是提升小學生的基本讀寫能力，也可能指提升各領域的知識技能，例如職業教育（科技素養與農業素養）、商業素養、社會素養與領導力素養等各式素養合約。

區塊鏈學術出版：Journalcoin

正如各種組織化的人類活動都可以在網路上運作，再加上區塊鏈科技重新塑造出一種更有效率、更公平，還可以確認歸屬權（著作權）的協作方式，學術出版產業也可以套用區塊鏈結構加以運作。為了促進更加開放的學術環境，學術出版領域中已出現相關創新，例如「開放式期刊」，儘管這些期刊可供自由取閱而不向大眾收取費用，但相對地將費用轉嫁至作者上，恐怕須支付一筆天價出版費。

目前比特幣社群中，透過發佈在 GitHub 上的加密區塊鏈和協議等軟體，將程式碼開放給所有人的慣例，也漸漸影響該領域的「學術」出版行為。有些白皮書就以「讀我檔案（Readme files）」的形式發佈在 GitHub 上，例如區塊鏈創投家大衛．約翰斯頓（David Johnston）發表的 Dapp 論文《去中心化應用的通用理論》、Factom 提出對數位藝術進行批次公證的論文（《公證鏈》白皮書）等。

區塊鏈學術出版正面臨一些有趣的挑戰，除了要有一個開放取閱、允許協作編輯、依據現有案例持續更新討論的期刊，或者是 GitHub 上開放取閱，可自行出版的區塊鏈白皮書，更重要的是必須將區塊鏈的種種概念確實地在區塊鏈期刊中執行。

對於去中心化、點對點式學術出版模型的種種設想，促使人們思及學術出版的潛在功能，以及這些功能如何在去中心化模型中運作。根據「出版」的定義，任何將內容公開發佈至網路都算是「出版」行為；個人可以在部落格、維基百科、Twitter、

Amazon 與類似場域自行出版內容。與去中心化點對點內容相關的區塊鏈，無非就是一個將某人感興趣的內容與另一人發表的資料連結的搜尋引擎。這正是基於區塊鏈的去中心化點對點模型。因此學者（及其他出版商）可以提供的其他價值，就是擔保出版內容的品質。出版商提供內容策劃、內容探索、「可檢索性」、相關性、宣傳、內容驗證與狀態描述等對內容消費者（讀者）來說相當實用的屬性。透過區塊鏈科技來改善中心化模型的一種方法是，應用區塊鏈的經濟特性作為獎勵與回饋機制，讓系統運作更加公平。

區塊鏈出版業的微經濟模式可以發行 Journalcoin 作為代幣系統，用來獎勵參與科學出版的投稿者、審稿者、編輯、評論者、論壇參與者、顧問、工作人員，以及間接參與科學出版的相關服務商。這將有助於提升審閱的品質與響應度，因為評論者必須公開發表評論，並根據他們的貢獻獲得相應獎勵。有了 Journalcoin，評論者可以獲得榮譽性和報酬性的獎勵，而且在作者、評論者、科學界與大眾之間創造更大的透明度與更多交流機會。ElsevierJournalcoin 及 SpringJournalcoin 這類後設貨幣（metacoin）可以在比特幣區塊鏈上運作，就像 Counterparty 資產一樣，可以隨時兌換成比特幣或其他加密貨幣。

Researchcoin（研究幣）這種以代幣形式存在的數位貨幣，可以讓個體們一同表達對某領域的興趣，並購買特定研究論文的取閱權限（研究網站的高額付費門檻常將人拒之門外）。

Medical Genomics 發想了一個基於比特幣與多重簽名機制的投票系統，讓大眾表達對於將流行病相關研究論文開放閱覽的需求（相當諷刺的是，這些由納稅人的錢資助的科學研究結果卻無法讓大眾取用）[29]。打個比方，研究發現帶有突變的 NPC1 基因的人，可以抵抗伊波拉病毒的感染[30]。這時，被授權的生物公民（biocitizens）就可以利用這類資訊來查詢他們個人基因檔案，確認自己是否較不容易感染伊波拉病毒或其他如 HIV 的疾病，特定基因類型的人就不容易感染這類疾病。[31] 儘管有些人贊成取用個人基因檔案的做法，也有一些人擔心在沒有適當醫療顧問的情況下可能會過度解讀基因檔案，不過，就像前文提到阿茲海默症的研究一樣，這樣的作法依舊利大於弊。

在科學期刊領域中使用和 Journalcoin 類似的 Exprimental Resultscoin（實驗結果幣），刺激與獎勵「重現」科學實驗，解決 80％的科學實驗結果無法重現的問題；鼓勵公佈陰性結果和元數據（只有 45％的人願意提供）；並使用 Exprimental Resultscoin 來矯正科學出版中，諸如論文灌水、複製實驗結果以及疏忽不慎等實驗偏差[32]。

---

[29] Levine, A.B. “Let’s Talk Bitcoin! #158: Ebola and the Body Blockchain with Kevin J. McKernan.” Let’s Talk Bitcoin podcast, November 1, 2014. *http://letstalkbitcoin.com/blog/post/lets-talk-bitcoin-158-ebola-and-the-body-blockchain.*

[30] McKernan, K. “Niemann-Pick Type C & Ebolavirus: Bitcoin Community Comes Together to Advocate and Fund Open Source Ebolavirus Research.” Medicinal Genomics, accessed 2014 (publishing data unavailable). *http://www.medicinalgenomics.com/niemann-pick-type-c-and-ebola/.*

[31] Anonymous. “The Evolving Genetics of HIV: Can Genes Stop HIV?” The Tech Museum of Innovation, (publishing data unavailable). *http://genetics.thetech.org/original_news/news13.*

[32] Anonymous. “Unreliable Research. Trouble at the Lab.” The Economist, October 17, 2013 (paywall restricted). *http://www.economist.com/news/briefing/21588057-scientists-think-science-self-correcting-alarming-degree-it-not-trouble.*

正如比特幣是人類交易的數位支付機制，同時也可望發展機器經濟，進行機器對機器（M2M）、物聯網（IoT）的支付行為，同理，Exprimentalcoin 也可為人類與機器所用，作為刺激、協調、追蹤科學研究的運作機制。越來越多的實驗機器人助手和運算程式促進及產生了新的科學發現。包括從實驗數據中總結出物理定律的 Lipson 演算機器 [33]、Muggleton 的微型流體機器人 [34] 與 Waltz 和 Buchanan 的 AI 科學研究夥伴 [35] 等。

在「區塊鏈 3.0 應用」中，將區塊鏈科技應用到出版產業的意義，就是讓區塊鏈完全滿足出版社的所有功能（擔任「語意驗證」的角色，確保文章內容品質的驗證機制）。可以採用數據導向的指標（例如整體閱讀量、同儕／同仁閱讀量、評論數、語意關鍵詞配對與概念配對等）來衡量目標內容的品質與感興趣族群。甚至可以利用區塊鏈的微支付功能發展收費服務。整合社交網路層（以便識別同儕）與區塊鏈的經濟功能與隱私性，開發「點對點語意查詢」服務。非關人類或同儕的內容權重歸屬模型也是一個可發展的方向。

---

33 Schmidt, M. and H. Lipson. “Distilling Free-Form Natural Laws from Experimental Data.” Science 324, no. 5923 (2009): 81–5. *http://creativemachines.cornell.edu/sites/default/files/Science09_Schmidt.pdf*; Keim, B. “Computer Program Self-Discovers Laws of Physics.” Wired, April 2, 2009. *http://www.wired.com/2009/04/newtonai/.*

34 Muggleton, S. “Developing Robust Synthetic Biology Designs Using a Microfluidic Robot Scientist. Advances in Artificial Intelligence—SBIA 2008.” Lecture notes in Computer Science 5249 (2008):4. *http://link.springer.com/chapter/10.1007/978-3-540-88190-2_3.*

35 Waltz, D. and BG Buchanan. “Automating Science.” Science 324, no. 5923 (2009): 43–4. *http://www.sciencemag.org/content/324/5923/43.*

讓區塊鏈在學術出版領域發揮作用的另一個作法是，將區塊鏈用來偵測並遏止剽竊行為，或者更理想的狀況是發展自動引用功能。在撰寫論文時，若可以借助具有文獻搜索及自動引用相關文獻功能的以太坊智慧合約／ DAO，將會省下相當可觀的時間。將索引文獻儲存在區塊鏈外的資料庫中，以保存在區塊鏈上的密鑰存取所需資料。

區塊鏈可望成為發表論文的通用標準，包括論文的原始數據及元數據等，本質上就是創造一個研究論文的分類系統與資料庫。將每一篇論文設定專屬的比特幣位址（或 QR 碼），讓人們可以更容易購得學術論文，而不是要求使用者先登錄出版商網站，花費一番周折才能購買。

區塊鏈並不適用所有情境

儘管區塊鏈科技有許多有趣的潛在應用，但在這個發展中的產業，最重要的是要有眼光，知道哪些地方適合、哪些地方不適合使用加密貨幣和區塊鏈模型。不是所有的流程都需要一個經濟或支付系統、點對點交易所、去中心化模型，或是健全的公共記錄保存機制。

此外，運作規模也要納入考量，因為將每一筆微交易寫入公共區塊鏈是沒有意義的。例如多筆打賞部落格文章的交易記錄可以一次性地以每日總交易量的形式寫入側鏈中。「側鏈」是一種基礎運作機制，幫助人們在多個區塊鏈生態系統交易與傳輸數位資產[36]。特別是進行 M2M（機器對機器）或 IoT（物聯網）這類裝置對裝置的交流時，還有許多問題仍待解決—整合了市場原則的最佳資源協調方案、如何誘發特定目標導向的行為、發展追蹤機制及支付報酬等問題。

甚至，在我們思考 M2M / IoT 支付的潛在經濟模型之前，必須先設法研究出通用的協調協定，讓大量的裝置設備可以進行通訊交流。也許可以在這些機器社群網路中部署控制系統及調度軟體，為諸如「開」、「關」、「開始」「停止」等簡單的微通訊行為架設一層名為「啁啾（chirp）」的通訊協定[37]。

---

[36] Higgins, S. "Sidechains White Paper Imagines New Future for Digital Currency Development." Coindesk, October 23, 2014. *http://www.coindesk.com/sidechains-white-paper-ecosystem-reboot/*; Back, A. et al. "Enabling Blockchain Innovations with Pegged Sidechains." Accessed 2014 (publishing data unavailable). *http://www.blockstream.com/sidechains.pdf.*

[37] daCosta, F. Rethinking the Internet of things: A Scalable Approach to Connecting Everything. New York: Apress, 2013.

在更遠的將來，可以加以優化不同用途、不同類別的區塊鏈。也許會出現適用於雜貨店及咖啡店消費的「日常採買區塊鏈」，以及為其他大宗商品（如房地產、汽車）而設的區塊鏈。區塊鏈需要發展更多樣化的功能來滿足非經濟市場領域的運作，比如政府服務、智慧財產權註冊、公證服務、科學研究、健康紀錄保存等。最關鍵的是，必須明確掌握各種不同功能所需要的經濟原則，並確認區塊鏈科技是否有助於實現各功能所需的經濟特性。然而，不是每一種運作方式都必須牽涉到價值註冊與交易功能。

並不是所有前述概念都需要區塊鏈：它們不一定需要連續的、公開的、分散式數據儲存模式。總體來說，有些概念只需要透過如雲端儲存或去中心化計算模型等其他科技就可以實現。不過，還是可以整合區塊鏈科技來提供一些附加功能，再加上，現在也不可能預見區塊鏈科技在未來可能出現的潛在優勢及用途。

區塊鏈並不適用每一種情境的另一個原因是，我們並不樂見所有事物都被「經濟化」。我們不希望縮減生活品質，將生活的各個面向都，趨向純粹的、赤裸裸的經濟情境中。將具有報酬性質的代幣應用在許多情境中，讓局勢更加明朗清楚的做法有時候頗受歡迎，但有時卻會招致反感。然而，區塊鏈科技的出現，刺激了關於經濟這個概念的廣泛思考，並催生了新的觀點：那就是傳輸、交換及承認等概念是非常定性的（qualitative）概念，即便區塊鏈功能沒有（也不應該）無處不在，這些概念都可以持續存在。

中心化和去中心化的緊張與平衡

在區塊鏈產業中，有一股混合的力量同時朝向中心化和去中心化的擴張。事實上，區塊鏈正是一種同時存在中心化及去中心化特徵的運作模型。除了網際網路這個大範圍（全世界）、標準化的去中心化模型之外，目前還沒有出現其他可在不同情境中組織活動的類似概念。

儘管去中心化是區塊鏈科技的核心思想（去中心化、無需信任的加密交易記錄系統與公共帳本），區塊鏈也面臨許多中心化的壓力。比如，用來發展區塊鏈經濟的標準管道層勢必往同一種結構靠攏（也就是益趨中心化）。在所有加密貨幣中，比特幣區塊鏈所佔市值為九成，有些計畫認為在比特幣區塊鏈這個現有基礎上建造 3.0 協定是最安全也最簡單的做法，因為不需要重新構建新的區塊鏈及挖礦機制。挖礦行為是另一個面臨中心化壓力的領域。激烈的挖礦競爭，使得挖礦從簡單的個人挖礦設備發展成大型礦池，再延伸到訂製的 ASIC 設備，這樣的趨勢使得只有少數大型礦池有能力挖出大多數新的比特幣區塊，而這些礦池也逐漸臨近 51％攻擊的臨界點，有可能導致比特幣區塊鏈被單一挖礦單位掌控的風險。關於如何在以中心化模式實現經濟效率和以去中心化模式實現去信任交易之間取得平衡，依然有待觀察。

第五章

進階概念

術語與概念

區塊鏈經濟催生了許多創新概念，同時也讓大眾以全新角度重新詮釋現有概念及術語。大眾開始重新審視那些被視為理所當然且不容質疑的術語，例如金錢、貨幣、財產、政府、主權及智慧財產等詞彙。對於基本定義的質疑探究，並重新詮釋術語定義，使得人們更容易理解這些概念在當前情境的應用。人們可以更充分領略區塊鏈相關概念，並應用到更抽象的層次上。

讓我們用圖書館作為例子解釋，以抽象概念來說，一座圖書館就是一個價值交換系統。圖書館提供產品及服務（書籍和研究論文），而各種內容的價值主張對不同族群產生共鳴。區塊鏈科技這種創新模型迫使人們以更抽象的角度看待某個特定實例的背後概念，去思考更純粹的本質。這樣的思考方式，讓人們能夠想像這些背後概念還能應用在哪些情境中。比方說，區塊鏈是一種去中心化科技的呈現。把比特幣當作一種數位貨幣也是去中心化的體現，然而去中心化應用還能體現在諸如智慧資產、代議式民主治理服務以及基於社群的信用機構等更多面向。簡而言之，正如法國哲學家德勒茲所說，「我們逐漸看見一個充滿可能性的世界，或者我們可以直接將整個世界當作一個可能」[1]。此外，我們需要工具來實現這個可能性，在以抽象角度重新思考各種概念的過程中，我們可以善用區塊鏈相關概念作為輔助，相信海德格也會認同這種思考方式[2]。[譯註]

在這種鼓勵創新思考的情境下，我們能夠更簡單地創造出新的概念。比方說從數位貨幣角度，更全面、完整地將「貨幣」一詞概念化，並應用在新的情境中，從而創造出「去吃午餐幣」（GoToLunchcoin）或「任何幣」（Whatevercoin）。將一種「幣」或「應用代幣」當作某個特定應用的「能指符號（signifier）」，並促進該應用的運作。

身為一名社群成員的我，藉由提供挖礦服務（將交易紀錄寫入公共帳本）或透過群眾募資獲得了一些社群幣或代幣，我可以銷毀、消費，或使用這些幣從網路上取得或購入有價值的東西。承續上述脈絡，我們可以把「去吃午餐幣」視為在早上完成工作後的「空檔時間」，現在這些時間可以被用來補充精力（也就是「去吃午餐」）。這個過程借用了經濟原理來解釋資源消耗與補充的循環。如果我們確實理解這個基本的抽象例子，

---

1 Deleuze, G. Cinema 2: The Time-Image. Minneapolis: University of Minnesota Press, 1989.

2 Heidegger, M. Being and Time. New York: Harper Perennial Modern Classics, 1927.

譯註 德國哲學家海德格在著作《存在與時間》中提倡人們去理解「存在」本身，而非「存在者」。他認為如果領會了「存在」，就能澄清存在的意義或存在的知覺。

就能更快速、更直覺地領略其他創新概念。舉例來說，當我們聽到一種適用法律情境的「先例幣」(Precedentcoin)時，就可以更直觀並迅速意會「先例幣」可能就是用來實現「建立先例」功能的應用代幣或獎勵性貨幣，同時還會有某種新型態的去中心化點對點運作方式來實現前述概念。

人們可以在抽象及具體兩個層面來回轉換思維，加以探討「概念化」的問題。我們可以用「經濟」這個概念當作例子，來對比抽象思考與具體思考。在具體且直觀既定的概念中，經濟就是人們購買與販賣物品的行為。然而當我們將經濟這個概念抽象化，經濟則代表「生產及消費具有價值的事物(things of value)之行為」。

在具體層面上，區塊鏈科技是一本去中心化的公共帳本，用來記錄加密貨幣交易。如果我們以更抽象的角度來定位區塊鏈科技，可以把它當作一種新的「分類」(就像網際網路一樣)，這個分類裡涵蓋：社會的公共紀錄儲存庫、可以認證人類活動的高效追蹤系統、人類協作的突破性組織模式、反審查機制、促進自由與平等的工具等範疇，區塊鏈科技同時也是一種新的組織模型，可以用來探索、傳輸或協調任何被量化或單位化的事物。上述這些只是以抽象角度思考「區塊鏈科技是什麼」這問題的幾個例子罷了。在更加抽象的層面去理解區塊鏈科技—正如「區塊鏈科技是什麼」有各式各樣的定義—可以幫助我們明白區塊鏈科技具有多麼無窮的潛在影響力。

貨幣、代幣、代幣化

「貨幣」這個概念，只是其中一個「加密經濟」促使人們重新思考的面向。字典中對於「貨幣」的定義是「在特定國家中流通的金錢系統」。光是比特幣的「跨國性」就讓這個傳統定義顯得可笑而過時，更不用說「金錢系統」意味著以中心化、由上而下的方式發行貨幣，以及對於貨幣供給量的全權掌控。也許貨幣的次級定義更為實用：貨幣是「一種被許多人使用或接受的性質或狀態」。這個定義對加密貨幣來說更加貼切，正如我們發現並沒有像金本位一樣的東西為比特幣背書，同樣地，也沒有某種事物為法定貨幣背書。真正為貨幣「背書」的是人們普遍接受貨幣作為價值交換的交易媒介，認同貨幣所隱含的金錢概念。當越來越多人接受加密貨幣的概念，並予以信任，開始使用它們，加密貨幣可望像法定貨幣一樣具有普遍的流動性。

就像「比特幣」一詞可以用來指稱三種概念一同時代表底層的「區塊鏈帳本」系統、「比特幣交易協定」，以及作為加密貨幣的「比特幣」，「貨幣」一詞也可以有多重定義，用來指代不同事物。在「加密經濟」情境中，如果以抽象的角度來定義貨幣這個概念，那麼貨幣可以被解讀為「可以在特定經濟體系中使用並取得的一種價值單位」，隸屬該體系的貨幣可能會透過交易，流通至其他經濟體系。我們可以直接以各種「代幣」來指代「幣」，也就是說，不同的活動會有各自的數位代幣、存取系統或追蹤機制。可能會出現「應用幣」（appcoin）、「社群幣」（Communitycoin）、「應用代幣」（Apptoken）或其他用語來指稱在同一社群中發生的各種經濟行為。

舉例來說，有了Counterparty的專屬貨幣「合約幣」（XCP），就能使用某些特別的功能，比如使用者可以利用Counterparty的協定或經濟體系發行新的資產（好比一種新的應用幣）。而這個新應用幣可以隨時轉換成合約幣或比特幣，因此也可以兌換成美金、歐元、人民幣或任何法定貨幣。同理，LTB幣（LTBcoin）就是一種基於Counterparty的應用幣，由Let's Talk Bitcoin（播放與比特幣主題相關的podcast節目）發行，用來維持該媒體網路的經濟運作。當聽眾們要贊助、捐款或給予小費時，就會用LTB幣進行上述交易行為。同時LTB幣也會用來獎勵那些熱情參與節目的聽眾，或用來認證社群參與行為，或是當作內容創作、評論以及其他貢獻的獎勵。

LTB幣在Let's Talk Bitcoin這個經濟體系中實現貨幣功能，而且可以隨時兌換成比特幣[3]。其他貨幣也可以在各自的經濟體系中實現類似功能—這裡所說的「各自的經濟體系」是指因興趣集結的各種社群（例如Let's Talk Bitcoin），而不是地理意義的經濟體（如美國或日本）。事實上，加密貨幣的優勢在於其潛在用途—加密貨幣可以當作一種管理分散全球各地的興趣團體的工具。另外，諸如BoulderFarmersMarketcoin這樣的社群幣除了經濟層面的交易功能外，還可以提供額外功能，凝聚社群向心力，並協調社群成員為了共同目標所付出的心力。社群型的加密貨幣可望成為一種促進集體行動力的運作機制，一種為了實現某些目標，在社群中組織與協調集體活動的具體手段。

---

3 Crackerhead (handle name). "Mining LTBCoin." BitcoinTalk.org forum, July 27, 2014. *https://bitcointalk.org/index.php?topic=712944.0.*

社群幣：海耶克的「私有貨幣」概念

爭相出現的競爭幣（altcoin）和社群幣（也就是那些在特定社群情境中實現經濟功能的代幣或貨幣，比如前文提到的 LTBcoin）證實了奧地利學派經濟學家弗里德里希·海耶克（Friedrich Hayek）所設想的世界的某些面向將可能變成現實。

在《貨幣非國家化》一書中，海耶克「競爭性私人貨幣市場」的主張，來取代貨幣的發行供給為國家壟斷的情形[4]。在〈儲蓄的悖論〉一文[5]中，海耶克反駁了凱因斯學派主張的通貨膨脹性貨幣，啟發了關於區塊鏈產業的奠基性思維，並指出在去中心化市場中，供給方具有更佳的反應能力[6]。

海耶克提出一種關於去中心化貨幣的模型，金融機構可以發行各自的貨幣，透過自由競爭來維持各自的貨幣價值[7]。在這一模型中，可以同時存在多種貨幣。區塊鏈經濟可以更廣泛地實踐海耶克所提出的模型，不只是每一金融機構，而是每個人、每個組織或每個社會都可以發行專屬貨幣或代幣（在各自經濟體系中合法流通，而且可以兌換成比特幣等其他貨幣）。這個想法可望使無數貨幣如雨後春筍般出現，每個人都可以

---

4 von Hayek, F.A. Denationalization of Money: An Analysis of the theory and Practice of Concurrent Currencies. London: Institute of Economic Affairs, 1977.

5 ———. "The 'Paradox' of Saving." Economica, no. 32 (1931).

6 Blumen, R. "Hayek on the Paradox of Saving." Ludwig von Mises Institute, January 9, 2008. *http://mises.org/daily/2804.*

7 Ferrara, P. "Rethinking Money: The Rise Of Hayek's Private Competing Currencies." Forbes, March 1, 2013. *http://www.forbes.com/sites/peterferrara/2013/03/01/rethinking-money-the-rise-of-hayeks-private-competing-currencies/.*

擁有一個或多個專屬貨幣，就像每個人都擁有各自的部落格、Twitter 和 Instagram 帳號一樣。Tatianacoin（*http://tatianamoroz.com/tatiana-coin/*）就是一個例子，這是由歌手兼作曲家 Tatiana Moroz 基於 Counterparty 協定發行的一種音樂藝術家幣。就像在資訊革命中每個人都能搖身一變成為作家，或在基因組革命中拿回個人健康檔案的自主權一樣，在區塊鏈革命中每個人都可以成為自己的銀行家。在不同情境下，有些種類的貨幣可以（也必須）互相競爭，而有些貨幣可以合作共存。

Campuscoin（校園幣）

企業與大學組織運作時，就很適合各自發行專屬內部經濟體系的通用貨幣。應該要開發出一種開源的貨幣發行範本，讓每一間學校（包含行政人員及學生群體）可以簡單地套用範本來發行各自的校園幣，比如亞利桑那州立大學（Arizona State University）可以發行 ASUcoin。大學中的子群體也可以應用這些範本，發行通用且支援特定群體運作的其他貨幣，比如 DeltaChiCoin 或 NeuroscienceConferenceCoin。校園幣發行範本中可以包含一些預先建立的專項模組。

第一個是允許用戶在各自社群中買賣資產的模組，類似 OpenBazaar 或 Craiglist 的資產交易模組。第二個模組是去中心化的共享經濟模組，提供去中心化模式的 Airbnb、Getaround 及 LaZooz 服務，讓使用者們可以分享空房、交通工具（包括汽車和腳踏車），或是即時乘坐共享服務（LaZooz's real-time ride-sharing）。第三，可以建立顧問或「諮詢服務」模組，為各班級、系所、學科及職涯發展提供全方面諮詢服務，包括建議、指導、訓練和教學。畢業生可以提供求職建議、模擬面試等諮詢服務賺取校園幣；大學新生可以對高中生分享升學建議；修過某課程的學生則可以為正在修課的學生提供學習建議。過去這些行為都是出於自願所以並不多見，而校園幣可以提供一種獎勵報酬機制，激勵更多人願意提供諮詢服務。透過提供報酬與認證，校園幣可望為擁有類似（求學、求職）經驗的人們創造出更加活躍且緊密連結的互動網路。除了獎勵報酬的經濟功能外，校園幣還可以用來聯繫社群互動。第四個模組是「點對點學習網路」，可用在分享上課筆記和教科書（解決在學期結束前某本書一直被借走的問題）、尋找分組成員、建立讀書會、考前學習，並提供其他類型的服務。第五個可以是「真實工作」（Realjobs）模組，創造學生與當地企業互動，曝光實習與就業機會的平台，提供產業情報和就業訓練等，當然這個模組也採用獎勵回饋制度。

目前已知有不少計畫致力於在學生族群中推廣加密貨幣，鼓勵他們在大學校園的情境中使用。截至 2014 年 9 月，由學生創立的「校園加密貨幣網路」（Campus Cryptocurrency Network, *http://collegecrypto.org/*）中總共有 150 個社團，有意創造校園幣社團的學生們的首要資源就是「校園加密貨幣網路」。這個社群網路可望在未來成為保存及管理各式「校園幣應用範本」的標準儲存庫。類似的例子還有「柏克萊比特幣協會」（*http://bitcoin.berkeley.edu/*），這也是由學生創辦與經營的組織，在 2014 年 11 月舉辦了第一場黑客松活動。麻省理工學院的學生推動「MIT 比特幣計畫」（*http://mitbitcoinproject.org/*），鼓勵學生認識並使用加密貨幣，該計劃將提供大學部學生價值五十萬美金的比特幣。2014 年 10 月，「MIT 比特幣計畫」發給每位大學部學生價值 100 美金的比特幣[8]。史丹佛大學則致力開設加密學相關課程（*https://github.com/SymbolicSystems150*），可以在網上免費點閱學習。

吸引大眾使用的「貨幣發放」策略

MIT 比特幣計畫就是採用了「貨幣發放」（Coin Drops）手段，也就是對整個人群同時分發比特幣，刺激主流大眾去學習、信任和使用比特幣。BitDrop 是令一個類似但規模更大的「貨幣發放」實例，這是一項慶祝「圓周率日」的活動，規劃於 2015 年 3 月 14 日在加勒比海群島的多明尼加舉行。比特幣將透過 Coinapult 以簡訊方式發放給所有居民（約七萬人）[9]。BitDrop 旨在創造全世界最大且密度最高的比特幣社群。

在一場以「如何促進人們使用比特幣，並盡可能將比特幣分散到越多人手中」為主題的腦力激盪中產生了這項計畫。多明尼加之所以被選為實施 BitDrop 計畫的最佳地點的原因是，該國擁有相對小的人口數，有高度行動網路普及率。多明尼加是加勒比海地區的教育中心，同時也是活躍於位處各島嶼之間，多種貨幣通行的經濟中心。該計劃同時安裝比特幣適用的自動提款機和店家電子銷售系統（POS 系統）作為發放比特幣後的相應配套措施。

---

[8] Wong, J.I. “MIT Undergrads Can Now Claim Their Free $100 in Bitcoin.” CoinDesk, October 29, 2014. *http://www.coindesk.com/mit-undergrads-can-now-claim-free-100-bitcoin/.*

[9] Rizzo, P. “70,000 Caribbean Island Residents to Receive Bitcoin in 2015.” CoinDesk, August 28, 2014. *http://www.coindesk.com/70000-caribbean-island-residents-receive-bitcoin-2015/.*

「貨幣發放」或「空投」的做法也可見於其他情況。例如以各種「國家幣」(Nationcoin)來強化人民對國家的認同感。在「極光幣」(Auroracoin)計畫中(*http://auroracoin.org/*),冰島(並非政府,而是匿名人士)發放免費的加密貨幣給冰島居民。類似計畫還有「蘇格蘭幣」(Scotcoin)、「西班牙幣」(Spaincoin)和希臘幣(Greececoin),不過這些以國家命名的加密貨幣似乎沒有積極持續運作 [10]。[譯註]

厄瓜多禁用比特幣的其中一項因素是該國計畫發行自己的國家性加密貨幣 [11]。這類「國家幣」可以用來維繫國家的民族情感,尤其對許多因為使用歐元而受歐洲央行監管施壓的歐元區國家來說更是心有戚戚焉。「國家幣」的情感認同特性也可以衍生出「部落幣」(Tribecoin)的概念—讓部落維繫情感,增進認同的貨幣。位於南達科塔州的松嶺保留區是第一個發行專屬加密貨幣的印地安人部落,貨幣名為「Mazacoin」,利用部族權威來制定專屬該加密貨幣的規則 [12]。

---

10 Cawrey, D. "Auroracoin Airdrop: Will Iceland Embrace a National Digital Currency?" CoinDesk, March 24, 2014. *http://www.coindesk.com/auroracoin-airdrop-iceland-embrace-national-digital-currency/.*

11 Khaosan, V. "Ecuador: The First Nation to Create Its Own Digital Currency." CryptoCoins News, updated August 1, 2014. *https://www.cryptocoinsnews.com/ecuador-first-nation-create-digital-currency/.*

12 Hamill, J. "The Battle of Little Bitcoin: Native American Tribe Launches Its Own Cryptocurrency." Forbes, February 27, 2014. *http://www.forbes.com/sites/jasperhamill/2014/02/27/the-battle-of-little-bitcoin-native-american-tribe-launches-its-own-cryptocurrency/.*

譯註 目前所有的「國家幣」都不是由政府單位發行,而是加密貨幣愛好者以各國家名義發行。

貨幣：新的定義

我們應該可以意識到，在加密貨幣經濟的語言脈絡中，「貨幣」這一詞語開始代表不一樣的意思了，尤其是不再只（在金錢意義上）將貨幣當成一種取得商品或服務的支付手段，「貨幣」還有更多隱含意義。「貨幣」在加密貨幣經濟的脈絡中，第二層意義則是「一種可在某些場合有效使用的有價之物」，或者如前文所述：「一種可以在某個經濟體系內獲取並使用的價值單位」。代幣、貨幣及應用幣的共同特徵是人們可以在某個經濟體系中使用這些價值單位來獲取特定事物或功能。舉例來說，擁有比特幣的人們就可以在區塊鏈上進行交易。

在某些情況下，擁有比特幣就等於使用者擁有某種特權，因為「持有」就代表具有比特幣的「所有權」；在某些情況下必須實際消費比特幣才能得到特權。以更廣泛抽象的角度思考「貨幣」的意義，可以讓貨幣的可用性拓展到許多不同情境中。貨幣即是一種可以獲取並使用的價值媒介，貨幣可以儲存價值，同時可作為流通手段。這個抽象的概括定義支持了以下主張：許多非金錢性的貨幣可以在同一種經濟結構中出現。舉例來說，「名聲」就是一種在某些情境可以獲取與使用的價值單位；「名聲」代表了某人的身份地位或能力，在這一脈絡下「名聲」就是一種非金錢性貨幣。同理，「健康」是具有價值的「商品」，可以在特定情境下購得或使用。如果我們將「貨幣」當成一種可賺取且可使用的商品，透過這個抽象概念可以舉一反三，除了「名聲」、「健康」外，還有許多具有貨幣功能的非金錢性貨幣，諸如「意圖」、「關注」、「時間」、「想法」、「創造力」等。

貨幣多樣性：現金貨幣與非現金貨幣

競爭幣（altcoin）多樣性，在現代世界中只是其中一種呈現「貨幣多樣性」的面向。更廣泛地說，我們所生活的現代社會中，貨幣種類越來越多，存在各式各樣的金錢性貨幣與非金錢性貨幣。首先，以金錢性貨幣的角度來探討貨幣多樣性，我們會發現社會上流通許多不同的法定貨幣（美金、人民幣、歐元、英鎊等幣值）。其次，人類生活中也流通著許多非法定貨幣、非基於區塊鏈的貨幣，比如會員積分、航空里程數等；根據統計，目前約有四千種替代貨幣（altcurrencies）[13]。現在，基於區塊鏈的加密貨幣也具有多樣性，例如比特幣（Bitcoin）、萊特幣（Litecoin）、狗狗幣（Dogecoin）等。除了金錢性貨幣，在如上文探討的「名聲」、「意圖」、「關注」等非金錢性貨幣中也會出現貨幣多樣性[14]。

目前已根據市場法則來制定非金錢性貨幣的衡量標準，諸如考量（該貨幣的）影響力、觸及範圍、認知度、真實性、使用者互動、行動力、後續影響、傳播性、連通性、流通速度、參與度、共享價值和存在性等[15]。運用區塊鏈科技，可以更簡單地追蹤、流通、交易這些非金錢性貨幣，並且將它們轉換成金錢（現金變現，monetize）。社群網路可望成為「社群經濟網

[13] Lietaerm, B. and J. Dunne. Rethinking Money: How New Currencies Turn Scarcity into Prosperity London: Berrett-Koehler Publishers, 2013.

[14] Swan, M. “Social Economic Networks and the New Intangibles.” Broader Perspective blog, August 15, 2010. *http://futurememes.blogspot.com/2010/08/social-economic-networks-and-new.html.*

[15] ———. “New Banks, New Currencies, and New Markets in a Multicurrency World: Roadmap for a Post-Scarcity Economy by 2050.” Create Futures IberoAmérica, Enthusiasmo Cultural, São Paolo Brazil, October 14, 2009.

路」。舉例來說，「名聲」是最受認可的非金錢性貨幣之一，儘管「名聲」一直被視為一種重要的無形資產，然而除了將「名聲」權作一種人格屬性（個人投入勞力市場求職，間接變現）之外，它無法直接轉為金錢，不易變現。話雖如此，如果使用基於網路的「加密貨幣小費罐」（比如 Reddcoin）和新的微支付機制，現在也可以用社群網路貨幣進行交易了。

就像人們可在 GitHub 上開發軟體並追蹤個人對開發計畫的貢獻，這種集體協作的開發方式變得更容易取得大眾認同並具有報酬性，「加密貨幣小費罐」可望為貢獻導向的線上活動（如集體協作）提供一種可量化的紀錄及財務誘因。使用這種方式的潛在效果是：如果市場法則成為分配與交易無形資源的標準通則，那麼市場上所有代理可望更直覺、更普遍地去認識及操作「交易」或「互惠」等概念。因此，起初只是將經濟法則應用到交易機制的想法中，從結果來看可能形成一個更加緊密合作的社會。

「持有成本貨幣」：具有行為觸發性與可重分配性

「貨幣」是區塊鏈科技其中一個核心概念，人們正在拓展、延伸並重新認識它：貨幣可以是一種電子代幣，一種「傳遞量化（價值單位）的促進機制」。

當我們在探討貨幣時，會涉及一種「持有成本貨幣」（demurrage currency）的概念[譯註]。「持有成本」（demurrage）的意思就是持有一項資產的成本。這一術語源自航運業，指將船隻停靠在港口裝卸貨物時，因為船隻的滯留期限超出原先許可或約定期限，因而產生的相關額外費用或成本。在加密貨幣的語言脈絡中，「持有成本」代表隨著時間推移貨幣本身的價值降低了（因為貨幣的持有成本提高了），也就是貨幣被「通貨緊縮」了。因此「持有成本」風險將會刺激貨幣持有者在短時間內採取某些行動（比如將它花掉），在失去價值之前先實現滯期貨幣的價值。所以貨幣本身（的持有成本）可以刺激人們進行經濟活動。

簡單地說，「持有成本」就是一種屬性，一種可自動激發或刺激擁有者去做某事的內在屬性。更進一步地說，持有成本貨幣（包括所有以數位網路為基礎的資產分配、追蹤、互動及交易的經濟結構）的另一個含義是，在某些預定時間內，或是某些特定事件中，在所有網路節點之間，定期將貨幣（或資源）自動再分配的概念。持有成本的特色可望衍生為一種強而有力的標準貨幣管理工具。

[譯註] 又稱「滯期費」，或「貨幣的持有成本」。

弗雷幣（Freicoin）和健康幣（Healthcoin）就是兩個利用持有成本貨幣的特性，以內建機制刺激持有者消費的例子。持有成本貨幣也許是實施「保障基本收入」計畫（Guaranteed Basic Income，GBI）的最佳方案：在這項計畫中，國家內所有公民將可定期領取一筆足以支付基本生活開銷的補助金。這筆補助津貼可以用 GBI 幣（GBIcoin）或弗雷幣發放，（每週、每月或每年）定期歸零或重新發放額度，以便維持這個經濟系統簡潔且高效運作，排除有心人故意囤積貨幣的問題。這種貨幣與優惠券的概念相仿，若沒有在期限內使用則作廢。由於該貨幣本身會失去價值，從而刺激人們選擇花掉它或乾脆不用。

像弗雷幣這樣的 GBI 幣可以不只是當作一般通貨使用，還可以賦予專門用途，就像健康幣一樣，可以存在於海耶克所設想的流通各種互補性貨幣或多類型貨幣的社會情境中。這個概念是人們可以擁有多種貨幣（而不只是多重資產分類），每一種貨幣有各自的用途。弗雷幣的現金幣（Cashcoin）可能就像一張在固定時間內可用來消費的簽帳卡，維持基本生活開銷。可以使用一種幣消費，用另一種幣儲蓄。在儲蓄、投資、不動產交易等多種特定情境中可以個別使用不同的幣，各有符合該使用情境的功能。GBI 幣或弗雷幣的概念在本質上是一種能夠以美國幣（UScoin）或美利堅幣（Americoin）等諸如此類的基本國家貨幣進行計價的消費幣（Spendcoin）、現金幣（Cashcoin）或簽帳幣（Debitcoin），可以用來維持基本的日常生活開銷。或許州級層面的州幣（Statecoin）更加適用各州人民使用情境與消費水準，比如紐約州居民可以使用紐約幣（NYcoin）消費。

更廣泛地來看，互補性貨幣體系和多重貨幣體系只是某個現象的其中一個具體應用，這個現象早已被用來重新型塑現代生活的許多其他領域。多重貨幣系統讓貨幣、金融與金錢的應用變得更加細致、深入。符合「長尾理論」曲線，看似無限增加的個人化（產品服務）與個人選擇，早已進入人們習以為常的領域中：想喝咖啡可以到星巴克、上亞馬遜網路書店和 Netflix 購得想要的書籍或電影；資訊來源來自部落格文章和 Twitter 消息；學習媒介多了 Youtube 和開放式線上課程，情感關係出現「多配偶制」的選項。現在只不過是這些具有個人化多樣性的眾多體系被應用到貨幣與金融領域罷了。

健康幣也可以視為一種「持有成本貨幣」，以健康幣來消費醫療服務。美國有許多健康計畫，諸如「健康儲蓄帳戶」（Health Savings Accounts, HSAs）和「自助餐廳計畫」（Cafeteria Plans），因為有每隔一年就會過期的規定，在本質上可以算是一種「持有成本貨幣」。因為整個系統會自動重置，可以避免人為干預和泡沫化的風險。所有的國家級健康醫療服務都可以使用健康幣計價與支付。

「持有成本貨幣」除了有潛在價值損失與因而具備的「消費誘因」特性之外，另一個特徵（同時也是所有加密貨幣的特徵）是，在網路節點上可能會發生週期性的（貨幣）重分配現象。這個現象也會刺激貨幣持有者花掉該貨幣。更極端地來看，若將政策目標結合貨幣運作，那麼這特徵就成為一種促進社會公平性的手段，定期將收入重新分配給人民。

受管理的「持有成本貨幣」系統的一個明顯缺陷在於，由於該系統是由「積極進取」的人類所組成，要是誘因規則沒有統一的話，有心人士可能會發現各種規避系統的聰明伎倆和漏洞。比方說，如果囤積貨幣可以獲益或被認為可以獲益的話，他們就會鑽漏洞來迴避「持有成本貨幣」的反囤積特性。首要目標就是適當地協調誘因，創造出一個即便有人迴避持有成本貨幣的誘因也無關緊要的世界—因為貨幣的分配系統將以可維持生活開銷的金錢，滿足社會中龐大複雜的個人化需求。

人們確信 GBI 幣、弗雷幣或現金幣在接下來的時間內將會重新發行，從而認定該系統穩定運作並且是可信任的，這樣的預先確信性使人們產生一種富足的心態，再加上貨幣的持有成本或價值損失屬性，綜合以上因素，可望消除囤積貨幣以及防稀缺措施的需求。這種作法是一種對貨幣的抽象概念化，也是人類歷史上從未出現、可以滿足基本生存需求的一種手段—讓人們甚至不再需要考慮如何滿足基本生活需求的可信賴來源。一旦人們的基本生活需求被滿足了，將會帶來巨大好處：不僅使人們進入一個富足的時代，同時也解放了人類的認知剩餘（cognitive surplus），這種內在動機讓人們自發性地鑽研更高層次的興趣，面對更高難度的挑戰，接觸各自關心的主題，而開啟人類互動、協作與生產力的新時代[16]。

[16] ———. “Connected World Wearables Free Cognitive Surplus.” Broader Perspective blog, October 26, 2014. *http://futurememes.blogspot.com/2014/10/connected-world-frees-cognitive-surplus.html.*

持有成本貨幣概念與特色的延伸性

「持有成本貨幣」的行為觸發性與動態重分佈等特性，不僅有益於在流通多重貨幣的社會中開發各種（行為的）專用貨幣，而且正如許多區塊鏈概念一樣，「持有成本貨幣」的概念可以不拘於貨幣、經濟和金融系統等領域，拓展到更廣泛的應用。這裡預先下了兩個假設：首先，許多事物在某種程度上可以視為一種貨幣、一種經濟體或一種網路；再來，人們生活在「貨幣」日益多樣化的社會中，這裡的「貨幣」有字面上的金錢貨幣系統，也有抽象概念上的「貨幣」、「名聲」、「意圖」、「關注」和「想法」等貨幣。

根據以上思考框架，我們可以將 Fitbit 和智慧型手錶視為「健康持有成本貨幣」。持有成本貨幣之所以是一種行為觸發型（action-inciting）貨幣，一種刺激型貨幣，是因為持有成本貨幣會刺激持有它的人們去做某事。Fitbit 是一種針對健康的持有成本貨幣，鼓勵使用者去運動。持有成本（觸發性）的機制可能是：傍晚的時候你從 Fitbit 或智慧型手錶中收到一則通知，告訴你今天已經走了 19,963 步了，因此鼓勵你走滿 20,000 步。Fitbit 或智慧型手錶呈現資訊的方式就是一種鼓勵你採取行動的持有成本機制。因此，將健康視為一種持有成本貨幣的做法可以當成一種設計原則，用來開發提倡某些有益行為的科技。

持有成本貨幣的動態重分配特性也可以應用到許多情境中，比如將資源在網路分布。網路的應用在現代世界中越來越普遍。在透過自動化網路或交易網路（tradenet）進行資源分配時，可以加以利用持有成本貨幣的動態重分配特性。勢必需要開發一個效率更好、規模更大、更具規模拓展性、更方便追蹤的系統來統籌分配下列消費性「資源」：天然氣和電力、交通流量（即 Uber 或 LaZooz、自動駕駛的車輛，或是尚在設想階段的未來自動運輸系統）、淨水、食物、醫療健康服務、救濟援助、危機應對補給，甚至（對被許可操作消費者腦電圖設備的人）提供情感支持或心理輔導。這個想法就是在其他網路系統內，使用持有成本貨幣的概念，動態且自動地重新分配資源來優化系統運作。

此概念結合了網路和持有成本貨幣來強化系統自身的功能：可以在網路節點間將資源自動再分配，並事先偵測即將發生的需求，即時地將資源聚集起來。比方說，當更多航班即將抵達時，系統可以推估載客量，指派更多的 Uber 車輛和計程車前往機場載客。另一個例子是系統可以依據天氣來調度資源，為酷暑儲備可用電力，在寒冬準備燃料。這就是在智慧網路中將資源自動再分配的應用理念，在設計系統時可以加入「持有成本」的概念。

智慧網路中還有一些應用「持有成本」概念的例子。「健康」本身就是一種網路，也是一種「持有成本貨幣」。它是一種可賺取且可消費的商品；在突觸、細胞、有機體／人類，和社會等多個組織層級之間不規則運作，「健康」是一種相互連結且持續不斷地進行自動重分配行為的「推動者」。我們可以開始將大腦和身體視為一種 Dapp、DAO 或 DAC（即視為一種去中心化自治組織），已經有許多系統（在人們無意識的狀態下）於這一組織自動運作，而且還有更多諸如認知強化、預防性藥物和病理治療等系統，可以透過 Dapp 的人工智慧系統來加以明確管理。

這個抽象概念結合了「持有成本貨幣」的資源分配系統與 Dapp（去中心化應用），實現系統的自動重分配功能，讓系統內的任何資源商品都能被重新分配。落實這個概念可以帶來一些用處，比如在研究大腦中樞神經的增強作用時，需要沿著神經傳導途經增加神經脈衝（nerve impulses），而系統性的資源再分配功能可以優化實驗表現。我們想要使用認知增強科技，對（人類大腦或 AI，或者程式模擬大腦裡的）各突觸之間的刺激增強能力，進行重新分配與均衡化。各式各樣的大腦資源—諸如神經細胞的增強能力（potentiation cability）、光遺傳（optogenetic）刺激（以基因轉殖技術注入蛋白質，並利用光線來調控活細胞的運動）、經顱直流電刺激（transcranial direct stimulation）—都可以是一種持有成本貨幣，可以在大腦或思維數據中被重新分配。另一個在「健康」脈絡中具有「持有成本重分配」特性的例子，可能是一些仰賴人體生理運作的細胞資源，例如氧氣、清除身體廢物的奈米機器人，以及循環性晶片實驗室（lab-on-a-chip，泛指能整合多種化學、生物分析功能於單一小型晶片上，處理非常微小液量的技術）。

同理，「想法」可以是協作型團隊的可再分配貨幣，而「自由」、「信任」和「同情」是社會的可再分配貨幣。如果我們將比特幣看作一種「持有成本貨幣」與智慧網路資源分配機制，比特幣的存在早已為整個社會中重新分配「自由」這項貨幣。

第六章

侷限性

區塊鏈產業正處於早期發展階段，需要面對許多潛在限制。這些限制有些來自外在環境，有些則源於內部因素，包括區塊鏈底層科技的技術問題、屢見不鮮的竊案與醜聞、大眾觀感，政府管制和主流社會對區塊鏈科技的接納度。

技術層面的挑戰

無論是對某個特定區塊鏈或整體區塊鏈體系來說，區塊鏈科技需要面對許多技術上的挑戰。

針對這些技術問題，區塊鏈開發者提供各種方案，展開熱烈討論，透過程式編寫，提出可能解決方案。關於區塊鏈產業是否能夠克服這些問題從而邁入下一個發展階段，業內人士的看法各異。因為比特幣區塊鏈的基礎架構被廣泛採用，以及它強大的網路效應，有些人認為這個產業的實際標準理所當然會是比特幣區塊鏈。有些人則著手架構全新且獨立的區塊鏈體系（像是以太坊），或是一些不使用區塊鏈的新科技（如 Ripple）。

比特幣底層技術的首要挑戰就是如何提升目前每秒只能處理 7 筆比特幣交易的效率問題（VISA 信用卡平均每秒可處理 2000 筆交易，在高峰時段最高可同時處理 10,000 筆交易），這是讓主流大眾採用比特幣進行交易最需要克服的問題[1]。還有諸如比特幣區塊擴容、解決區塊鏈膨脹、防範 51% 攻擊，以及對程式碼執行硬分叉（hard fork，不可回溯的變動）等問題，將在下文分段敘述[2]。

[1] Lee, T.B. "Bitcoin Needs to Scale by a Factor of 1000 to Compete with Visa. Here's How to Do It." The Washington Post, November 12, 2013. *http://www.washingtonpost.com/blogs/the-switch/wp/2013/11/12/bitcoin-needs-to-scale-by-a-factor-of-1000-to-compete-with-visa-heres-how-to-do-it/.*

[2] Spaven, E. "The 12 Best Answers from Gavin Andresen's Reddit AMA." CoinDesk, October 21, 2014. *http://www.coindesk.com/12-answers-gavin-andresen-reddit-ama/.*

吞吐量

比特幣網路在有個潛在的吞吐量問題，那就是每秒僅能處理一筆交易（transaction per second, tps），目前理論上的最大值也僅是每秒處理 7 筆交易（7 tps）。核心開發者堅持必要時可以提高交易量限制。讓比特幣具有更高吞吐率的方法是讓每個區塊變得更大，然而這卻會帶來其他如容量限制、區塊鏈膨脹的問題。其他交易處理網路的吞吐量參考數據像是 VISA，通常是 2000 tps，高峰值為 10000tps；Twitter 的吞吐量通常是 5000 tps，高峰值可達 15000 tps；廣告網路則通常都大於 100,000 tps。

遲延時間

目前處理一個比特幣交易需要 10 分鐘，這表示至少需要 10 分鐘才能確認一筆交易是否完成。如果想要更充分的安全性，你可能要等上更久處理時間（大約一小時），一些大額交易甚至需要更長的處理時間，因為這是用來防範「雙重支付」風險的代價。雙重支付問題是指惡意用戶在商家確認收到比特幣款項之前，故意在其他交易中使用相同的比特幣。另外，作為參考，VISA 最多只需要 1 秒即能確認交易。

大小與頻寬

區塊鏈的大小為 25GB，去年（2013 年）又增加了 14GB，光是下載區塊鏈就需要約莫一天的時間了。如果吞吐量增加到跟 VISA 一樣的 2000 tps，增長速率等同於 3.9GB ／天（或 1.42PB ／年）。如果吞吐量要達到 150,000tps，則區塊鏈每年將會增長 214 PB。比特幣社群稱這問題為「區塊鏈膨脹（bloat）」，這名稱暗示著我們只需要小規模的區塊鏈。然而，若要達到讓主流採納的規模，區塊鏈必須變得更大，至少要大到更容易存取的程度。這可能促成區塊鏈中心化，因為運算全節點需要消耗相當多資源，而全世界只有約 7000 個伺服器（參考 *https://getaddr.bitnodes.io/*）確實在運作 Bitcoind 的全節點，這些伺服器可說是比特幣的守護神。目前正在討論是否應該提供獎勵給運算全節點的用戶。

對於如今「大數據」時代及一些動則以 TB 為計量單位的數據密集產業來說，區區 25GB 的數據只是小意思。但是前者大部分的數據是可壓縮的，然而基於安全性及易訪問性考量，區塊鏈數據無法用一般方法壓縮。也許這就是創造新壓縮運算法的大好機會，讓（未來更大規模的）區塊鏈不失可用性又易於儲存，同時保有它的完整性和易存取性。一個能夠解決區塊鏈膨脹並讓數據更加容易存取的方法是設計 API（應用程式介面），像是 Chain（*https://chain.com/*）或其他開發商所提供的 API，可以自動發送請求給比特幣區塊鏈上的全節點。其他功能像是可以查詢比特幣位址餘額及餘額變化，並在新交易或新的區塊鏈出現時自動通知用戶。此外，還有一些區塊鏈瀏覽器（像是 *https://blockchain.info/*）在網頁版可對區塊鏈數據進行部份操作，手機版則是電子錢包應用，可以查詢必要的區塊鏈數據。

安全問題

比特幣的區塊鏈存在許多潛在安全問題。最令人擔憂的就是 51% 攻擊的可能性，即某個礦工可能會搶走區塊鏈的控制權，進行一幣多付攻擊，將之前已經交易過的比特幣存入自己的帳戶中[3]。這個安全問題是由於在區塊鏈上爭相記錄新的交易區塊的「挖礦」，越來越朝中心化靠攏，也就是逐漸變成由少數幾個大型礦池掌控著大多數的交易紀錄的狀態。目前的獎勵機制還足以使礦工們當個好玩家，同時一些礦工（如 Ghash.io）也宣稱他們不會發動 51% 攻擊，然而區塊鏈網路還是不安全的[4]。依舊有其他情境會發生雙重支付問題，比如說哄騙用戶重新發送交易，不肖人士就能取得被雙重支付的比特幣。另一個安全問題則是目前比特幣使用的加密技術：橢圓曲線密碼學，最快在 2015 年可能就會被破解。幸好，一些金融密碼學專家提出幾個可能的升級方案來解決這個問題[5]。

資源浪費

挖礦行為產生巨量的能源浪費。早期資料估算每天浪費金額高達 1500 萬美金，其他資料的估值甚至更高[6]。一方面，這樣的浪費正好證明了比特幣是可信任的：因為具有理性的人或機構為了其實毫無意義的工作量證明（即挖礦），相互競爭來取得可能的獎勵。但另一方面，這些被消耗的能源除了被用來挖礦外，沒有帶來任何效益。

---

3 Prashar, V. "What Is Bitcoin 51% Attack, Should I Be Worried?" BTCpedia, April 21, 2013. *http://www.btcpedia.com/bitcoin-51-attack/.*

4 Rizzo, P. "Ghash.io: We Will Never Launch a 51% Attack Against Bitcoin." CoinDesk, June 16, 2014. *http://www.coindesk.com/ghash-io-never-launch-51-attack/.*

5 Courtois, N. "How to Upgrade the Bitcoin Elliptic Curve." Financial Cryptography, Bitcoin, Crypto Currencies blog, November 16, 2014. *http://blog.bettercrypto.com/?p=1008.*

6 同前。

易用性

銜接 Bitcoind（所有程式碼的全節點）的 API 設計的不夠友善，相較而言市面上其他符合易用性標準的 API，比如被廣泛使用的 REST 風格 API 更加容易上手。

版本控制、硬分叉、多鏈

有些技術問題是區塊鏈基礎架構相關問題。其中一個就是區塊鏈增殖問題，目前已經各式各樣的區塊鏈存在，在一些小規模的區塊鏈上配置資源展開 51% 攻擊是非常容易的。另一個問題就像當區塊鏈因為管理問題或版本控制需求出現分叉時，在已分叉的鏈上整合交易或跨鏈交易都是非常困難的。

另一個顯著的技術挑戰是，有必要發展一個可以隨插即用（plug-and-play）的完整生態系統，建立服務交付的完整價值鏈體系。比如說，關於區塊鏈，需要有安全且去中心化的儲存服務（如 MaidSafe、Storj）、通訊、運輸、通訊協定、命名空間和位址管理、網路管理系統及檔案系統。

理想狀態下，區塊鏈產業將會發展出類似雲端運算的模型，提供可快速應用的標準架構組件（就像雲端伺服器和運輸系統）讓區塊鏈產業從而發展高附加價值的服務，而不再受限於基礎架構問題中。對良好的區塊鏈經濟來說，去中心化網路的複雜密碼學工程是至關重要的一環。區塊鏈產業正在嘗試梳理出對區塊鏈新創公司來說掌握需要多少網路安全、密碼學及數學方面的專業知識一最理想的狀況是他們並不需要大量相關知識，只需仰賴一個具備所有功能的安全基礎架構堆疊。如此一來，區塊鏈產業可以加速發展，所有新生意都不需從頭打造，也不需擔心萬一電子錢包不支援多重簽章該怎麼辦（或任何當前行業標準，畢竟加密安全標準一定會不斷迭代），只要套用基礎架構就能快速發展業務了。

以下是一些技術問題的部分解決方案：

用離線錢包來儲存大部分硬幣

消費者可以使用不同形式的離線錢包可以用來儲存大量的加密貨幣，比如比特幣「紙錢包」、「冷藏儲存」和「比特卡」（*http://www.bit-card.de/*）。

暗池交易

可以將價值鏈細分成更小規模，讓大型加密貨幣交易所在內部交易資料庫操作交易，之後再定期把交易紀錄同步到區塊鏈上。這是受銀行業的暗池交易啟發的點子。

替代的雜湊演算法

萊特幣（Litecoin）和一些加密貨幣採用 scrypt 算法，這個算法至少比比特幣算法要快一些。可以發展新的雜湊演算法。

工作量證明的替代方案（用來解決拜占庭將軍問題）

目前已有一些新的共識模型，例如權益證明（proof of stake）以及其他新的共識模型，它們有更短的遲延時間、更少的運算力需求、更不易浪費資源，同時還能提升較小規模的區塊鏈的安全性。「不需要挖礦行為的共識協定」是一個探索中的新領域，比如 Tendermint 對 DLS 協定（Dwork、Lynch、Stockmeyer 針對拜占庭將軍問題所提出的解決方案）提出修改版本，向區塊鏈參與者收取一定的保證金[7]。另一個讓共識機制不需要挖礦行為或工作量證明的使用像 Hyperledger（*http://www.hyperledger.com*）的演算法，也就是以基於實用拜占庭容錯演算法（Practical Byzantine Fault Tolerance, PBFT）的共識機制來運作。

只關注最新或未完成的產出

許多區塊鏈操作可以只根據最新或未完成的產出就能完成，類似信用卡交易的操作原理。「輕型錢包」可以避免向所有 Bitcoind 節點發出請求，比特幣錢包的手機應用就是採用這種運作方式。相關的計畫像 Cryptonite（*http://www.cryptonite.info*），採用「迷你區塊鏈」的數據縮減方案。

區塊鏈的相互可操作性

為了協調各區塊鏈之間的交易，目前已發起許多側鏈（side chains）專案，比如 Blockstream（*http://www.blockstream.com*）就發起不少專案。

---

7 Kwon, J. “Tendermint: Consensus Without Mining” Accessed 2014 (white paper). *http://tendermint.com/docs/tendermint.pdf.*

提供保證金

有一些用來替代現有共識模型的機制，像是 Tendermint 的 DLS 協定（該協定不要求礦工提供工作量證明），可以用諸如向礦工收取一定保證金的結構性措施來加強機制安全性。如此可以解決「短期內缺乏利害關係」的問題，也就是避免惡意用戶蓄意在區塊鏈上製造分叉，利用「雙重支付」漏洞竊取數位貨幣[8]。保證金可以比照 Tendermint 的做法，直接存在區塊鏈上，大幅提高製造分叉的成本，從而改善區塊鏈的可操作性和安全性。

符合 *REST* 設計風格[譯註]的 *API*

在特定情況下即時處理安全請求，可以提升區塊鏈的可用性。許多區塊鏈公司額外提供的電子錢包介面就支援這功能，比如 Blockchain.info 眾多的電子錢包 API。

---

8 ———. "Tendermint Consensus Proposal." Bitcoin forum, November 20, 2014. *https://bitcointalk.org/index.php?topic=866460.0*. See also tendermint.com/posts/security-of-cryptocurrency-protocols/.

譯註 REST：全名為 Representational State Transfer，中文譯為「表徵化狀態轉移」，是一種軟體架構風格，適合應用在複雜的網路服務環境中。

商業模式的挑戰

商業模式也是一項重要挑戰，包括功能面及技術面。起初傳統的商業模式看似無法直接套用到比特幣上，因為這種去中心化點對點模式不存在收取交易手續費的第三方中介，而傳統商業模式就是仰賴中介角色獲利。

不過，在新的區塊鏈經濟中，依然有許多有經濟價值、可以產生利潤的產品及服務。開發對教育族群以及主流大眾友善的工具顯然較容易得到成效，而這個目標正是 Coinbase、Circle Internet Financial 和 Xapo 的努力方向，可以提升全世界範圍內的銀行業以及像 Ripple 這種支付網路的運作效率。當區塊鏈運作原則廣為大眾所知時，使用 Ripple 等支付系統進行交易就是理所當然的選項。展望區塊鏈 2.0 時代，想要利用智慧合約重新建構舊有的商業貿易模式，其實執行起來是相當複雜且有難度的。所以，未來可能會出現提供技術方案、實施用戶教育訓練與其他加值服務等「服務供應商」的商機。

一些企業級軟體與雲端運算的商業模式也可以作為比特幣經濟的參考依據，如「紅帽模式」（開源軟體訂閱制）及 SaaS 服務（Software as a Service，軟體即服務）以及客製化服務。未來一個可能的工作機會是「智慧合約審計師」，檢查區塊鏈上人工智慧的智慧合約是否依照預設程式執行，同時判斷與衡量智慧合約自主改寫程式以達到最大效益的程度。

醜聞及大眾觀感

比特幣想得到更深遠應用的最大阻礙就是一目前社會大眾仍然比特幣視為進行（或鼓勵壞人用來）洗錢、毒品交易或其他非法行為的溫床，就像 Silk Road 這類非法線上交易黑市一樣。比特幣與區塊鏈和任何科技一樣，是科技中立的，就像一把雙刃劍：可以用來做好事，也可以用來作惡。儘管區塊鏈可能被惡意使用，區塊鏈的潛在優勢仍舊比它可能帶來的問題要多得多。當越來越多人使用電子錢包和比特幣時，大眾看法也會隨之改變。不可否認非實名制的區塊鏈依舊可能為不肖人士利用，而區塊鏈也將產生「紅皇后效應」（特定情境下一方為了勝過另一方的演化軍備競賽）。電腦病毒的出現，促使病毒偵測系統崛起，同理，在比特幣科技中一些用來偵測惡意用戶的功能也應然而生（如 Tor，是一個實現匿名通訊的自由軟體）。

比特幣在主流推廣上的另一種阻礙則是在這產業中屢屢出現的竊盜、醜聞與騙局（就像所謂新競爭幣的「拉高倒貨」騙局（pump and dump），試圖哄抬某個競爭幣的價格賺取高利潤）。以日本東京為據點的 MtGox，是當時規模最大的比特幣交易所，於 2014 年 3 月發生倒閉事件而造成轟動。

直到現在，在全世界最公開的交易帳本上竟然會出現比特幣憑空消失，甚至過了幾個月還找不到，這件令人困惑又諷刺的事件還欠大眾一個合理解釋。MtGox 聲稱遭到駭客攻擊，原因是交易延展性漏洞（transaction mallebility bug）。不肖用戶利用該漏洞進行雙重支付，將比特幣轉進自己的帳戶，誤導 MtGox 研判這次交易失敗了，於是允許用戶再次發起交易，然而實際上是轉出了兩倍的金額[9]。分析師不確定 MtGox 是否真的是遭受外部駭客攻擊，或者整起事件只是 MtGox 監守自盜。問題的嚴重性在於，這類事件不絕於耳。舉一些近期新聞為例，2014 年 10 月，Moolah 的 CEO 帶著價值 140 萬美元的比特幣人間蒸發[10]。在此之前，還有 2014 年 7 月的價值 200 萬美元的 Vericoin 被盜事件[11]，以及 2014 年 6 月新聞報導某次礦工攻擊中價值 62 萬美元的狗狗幣（Dogecoin）被盜等事件[12]。

區塊鏈的產業模式亟需鞏固與成熟，必須有更好的「守門員」機制來穩固整個產業，允許內外監督來辨別優質用戶與不肖用戶。監管並不一定只能從外部措施下手：可以建立源於區塊鏈生態系統的去中心化審核機制、驗證與監管系統。

---

9 Anonymous. “The Troubling Holes in MtGox’s Account of How It Lost $600 Million in Bitcoins.” MIT Technology Review, April 4, 2014. *http://www.technologyreview.com/view/526161/the-troubling-holes-in-mtgoxs-account-of-how-it-lost-600-million-in-bitcoins/.*

10 Collier, K. “Moolah CEO Accused of Disappearing with $1.4 Million in Bitcoin.” Daily Dot, October 21, 2014. *http://www.dailydot.com/politics/moolah-dogecoin-alex-green-ryan-kennedy-ryan-gentle-millions-missing-mintpal/.*

11 Pick, L. “Nearly $2 Million Worth of Vericoin Stolen from MintPal, Hard Fork Implemented.” Digital Currency Magnates, July 15, 2014. *http://dcmagnates.com/nearly-2-million-worth-of-vericoin-stolen-from-mintpal-hard-fork-considered/.*

12 Greenberg, A. “Hacker Hijacks Storage Devices, Mines $620,000 in Dogecoin.” Wired, June 17, 2014. *http://www.wired.com/2014/06/hacker-hijacks-storage-devices-mines-620000-in-dogecoin/.*

公眾科學（citizen science）帶給區塊鏈科技的啟示是，實踐監督職能至關重要，並且須以審查與平衡機制來強化監管系統的運作。舉例來說，在由參與者自行組織的基因組研究計畫 DIYgenomics 中，監督機制可以在系統內部實踐。某些情況下，會出現異於傳統由上而下的監管模式的全新角色：獨立的公眾倫理學家，以人為研究對象的審查委員會[13]。其他實現自我監管機制的產業包括電影、遊戲及漫畫產業。

無論是已知原因或尚未預見的隱憂，致使整個區塊鏈產業崩潰的可能性依舊存在。沒有任何跡象可以確保區塊鏈產業安然無虞。區塊鏈產業目前看來的確生機蓬勃，從各種加密貨幣的市場規模（*http://coinmarketcap.com/*）、產業投資、新創公司及從業人員數量、GitHub 上相關程式碼行數，甚至是報紙相關報導的印刷量等數據中可見一斑。

區塊鏈產業已經比過去任何數位貨幣（如 Second Life Linden 等虛擬貨幣）規模更大，且發展得更好。然而，儘管比特幣理想崇高，發展快速，對大眾來說數位貨幣仍然言之過早了。也許是因為現有的監管機制與整體結構尚未到位，數位貨幣仍不足使主流大眾接受。雖說 Apple Pay 可能為數位貨幣鋪設了走向主流大眾的道路，在短期內可能是奏效的。但長期來看，比特幣若想被主流採用，必須先解決許多問題，例如縮短交易確認的遲延時間，必須先將功能與使用者體驗提升到像 Apple Pay 介面一樣容易上手的程度才行。

---

[13] Swan, M. “Scaling Crowdsourced Health Studies: The Emergence of a New Form of Contract Research Organization.” Pers Med. 9, no. 2 (2012): 223–34.

政府管制

政府態度與監管措施決定了區塊鏈產業是否能發展為成熟產業，是相當關鍵的因素之一。美國法律有聯邦法與州法兩種，其中被廣為討論的案例是紐約的 Bitlicense[14]，目前已進入審議的第二階段。

紐約 Bitlicense 有助於為全球比特幣監管機制定下基調。一方面，對比特幣產業來說，這份授權條款影響範圍廣泛，影響力深遠，在他國也通用。授權內容涵蓋了任何人如何使用別人的比特幣及電子錢包（例如 QT wallet）[15]。另一方面，比特幣產業裡用來保護使用者的監管措施，就像 KYC 規定（know your customer，認識你的消費者）之於金融服務商（money service business，簡稱 MSB[譯註]）一樣，可能會加快比特幣被主流接納的速度，同時消除使用者對於可能摧毀產業的駭客攻擊的隱憂。

---

14 Reitman, R. "Beware the BitLicense: New York's Virtual Currency Regulations Invade Privacy and Hamper Innovation." Electronic Frontier Foundation, October 15, 2014. *https://www.eff.org/deeplinks/2014/10/beware-bitlicense-new-yorks-virtual-currency-regulations-invade-privacy-and-hamper*.

15 Santori, M. "What New York's Proposed Regulations Mean for Bitcoin Businesses." CoinDesk, July 18, 2014. *http://www.coindesk.com/new-yorks-proposed-regulations-mean-bitcoin-businesses/*.

譯註 美國國稅局對於金融服務商（MSB）的定義：提供現金匯票、支票兌換貨幣交易或在一天內與同一客户（在同一類型的交易中）交易金額超過 1,000 美金服務的商行。

各國政府針對比特幣的立法審議與早期管制引發了一些有趣問題。其中一個問題就是按照現行稅法幾乎不可能對比特幣交易徵收稅金。若出現運作在 OpenBazarr 上，使用加密貨幣付款的 Airbnb 2.0 或 Uber 2.0 這種去中心化共享經濟模式，必然全盤顛覆現行稅收體系。追查商品與服務消費的常規措施將會消失。這將會影響現行稅收制度以及如 GDP 等整體經濟指標的計算，這些僅關注消費量的衡量模式不一定是最正確的，說不定讓人們遠離這種模式會帶來良好的影響。相反地，稅制改革可以從對實體資產（如汽車、房屋）等大宗商品徵收消費稅來著手。審查重點將以「識別徵稅（tax on sight）」為原則。徵稅系統若由所得稅制轉變成消費稅制，對整個社會來說將會是個重大轉變。

第二個問題是，隨著區塊鏈經濟興起，政府及其運作模式的價值效益漸漸變得有待商榷了。有些人認為現在的大數據時代，政府部門在履行記錄資訊的任務上日益力不從心：記錄資訊並一一歸檔，令大眾更容易取得需要資訊。從這個角度來看，政府機制可能會變得過時，因為徵收稅金已然不合時宜，政府難以用傳統方式來維持資金狀況。區塊鏈科技或許能解決上述問題，以最小的代價讓政府機制發揮得更好，最終可能使政府的某些服務顯得多餘而不必要。在區塊鏈上記錄所有的社會活動可能會讓人們不再需要由政府提供相關服務。區塊鏈體系具備了政府職能民主化的特徵，將會使傳統政府角色顯得多餘。

然而，正因為中心化機制與去中心化模式可以同時存在來協調人類活動，傳統政府和區塊鏈導向的新型態政府都將有各自職能。傳統的中心化政府仍可有所作為，比如聆聽民意、削減開支及彰顯其有效性，這些都可以產生真正的政府價值，不過這些職能可能還需要更符合經濟理性，將效用最大化。未來可能會出現混合型的政府，一如其他產業，自動化（automation）具有強制性，而工作的「最佳人選」就是由人類與演算法一同搭擋作業[16]。粗淺且重複性高的任務可以由區塊鏈與智慧合約自動運行，而政府人員則可以從事（位於價值鏈高位階）更繁雜的工作。

16 Cowen, T. Average Is Over: Powering America Beyond the Age of the Great Stagnation. New York: Dutton Publishing, 2013.

個資隱私的挑戰

想要讓大眾將個人資訊保存在去中心化的區塊鏈之前，必須先搞定許多問題。使用者最不想預見的夢魘就是，萬一將所有資訊存在區塊鏈上，然而私鑰卻被竊或被暴露了，更慘的是還求助無門。在現有的加密貨幣架構中，這種情況的確可能發生，就像現在屢見不鮮的個資洩漏案、企業密碼被盜、資料庫被駭等事件。數以萬計的人們始終必須面對這種不便風險。如果一個人的所有個人資訊被竊，對個人影響是非常駭人的，一旦身份被盜用，即代表這個人不再擁有他的身份。

整體而言：去中心化趨勢將延續

儘管尚處於新生階段的區塊鏈經濟還有許多限制需要一一克服，無庸置疑地，比特幣是一股破壞性的力量，其影響將會極為深遠。就算現存的所有區塊鏈產業計畫都消失了（或不再受歡迎了），它們所遺留下的東西依然會延續。區塊鏈經濟賦予人們一種全新的、更大規模的觀點，去思考如何處理事情。就算你不看好比特幣能成為一個穩定、長久的加密貨幣，或者你也不認為區塊鏈會往現今設想的方向發展，去中心化模式仍舊是非常好的模式。

去中心化的時代已然到來，現在的網路已經具有足夠的規模及流動性，足以讓去中心化模式穩健發展。中心化模式的出現，對過去幾百年如何解決人類世界協作問題來說，的確是一項革命性創舉，但隨著時間演進，我們現在有了新的科技文化，網際網路和其他如分散式區塊鏈公共帳本等新科技，可以一口氣集合全世界 70 億人口，開展空前規模的複雜協作，加速人類朝向真正先進社會的發展腳步。即使這股顛覆性力量不是區塊鏈，也一定會有其他科技出現，事實上，無論如何都會出現區塊鏈的繼任者。這是因為區塊鏈作為大規模實現去中心化模式的先驅，它承載並實踐了至全新且複雜的人類活動。

第七章

總結

本書試圖闡明區塊鏈科技的概念及功能可以廣泛運用到各式各樣的情境。這些功能不僅可以適用於當前的貨幣及支付情境（區塊鏈 1.0），也能適用合約、資產，以及所有金融市場交易（區塊鏈 2.0）。不過，除了政府、醫療健康、科學、識讀、出版、經濟發展、藝術以及文化等多樣化範疇（區塊鏈 3.0）之外，區塊鏈科技的功能甚至能更廣泛地且大幅度提升人類發展進程。

區塊鏈科技在未來世界中可能是相當互補的，而這個世界的運作包含了中心化與去中心化模型。正如任何新科技，區塊鏈起初是不受歡迎的破壞性點子，但隨著時間推移，它可以催生一個更大，涵蓋舊有方法及創新思維的生態系統。歷史上的例子有：無線電的發明其實增加了唱片銷售量，如 Kindle 的電子閱讀器促進了書籍的銷售量。如今，我們可以從紐約時報、部落格、Twitter，以及個人化資訊服務中獲取新聞情報，人們也消費來自大型娛樂公司和 Youtube 的媒體資訊。因此，隨著時間推移，區塊鏈科技可能存在於具有中心化與去中心化模型的較大生態系統中。

大量核可發行的法定貨幣及加密貨幣可能同時並存於社會中。在著作《貨幣非國家化》中，經濟學家弗里德里希•海耶克提出了一個概念：可自由競爭的替代貨幣。他從金融機構中看到了眾多多元貨幣，既然人們在部落格、Twitter、Youtube 頻道和 Instagram 帳號中擁有屬於自己的新聞媒體管道，那麼在個人、特殊利益團體或社群中，也可以存在各式各樣的貨幣。

這些加密貨幣可以存在於個別經濟體中，有效促進該群體的價值交換和經濟運作等行為。例如 Let's Talk Bitcoin 的社區貨幣、音樂藝術家 Tatiana Moroz 發行的 Tatianacoin，以及流通於在地農產市場、DIY 創作坊或學區中的代幣。在地代幣可能更容易兌換更多可提現的加密貨幣或法定貨幣。區塊鏈科技具有多樣及豐富的特性，就許多潛在的貨幣而言，區塊鏈科技可以促進貨幣多元化，被認為比法定貨幣具有更大的「粒度（granularity）」，而且可以應用到眾多特定情境。區塊鏈科技的整體影響可望提倡人們的富足心態，而不再強調貨幣概念上的稀缺。特別是，如果「保障基本收入」（GBI）的措施能滿足所有人民的基本生活需求，就可望促使人們將認知焦點放眼到更高層次。在某一社群中貨幣能實現何種功能的情境下，貨幣可以被重新概念化，而非僅僅只是獲取和確保價值的手段。

區塊鏈是一種資訊科技

區塊鏈是一種資訊科技，這或許是最廣為人知的概念，但是區塊鏈科技還有許多其他應用。去中心化的區塊鏈是具有革命意義的新運算模式。區塊鏈是網路歷史上從未有過的嵌入式經濟層，它是一種協調機制、項目歸屬、信用、證明以及補償獎勵的追蹤模式，在任何協作中透過智慧代理來鼓勵去信任（trusless）的參與。

區塊鏈是「一個去中心化的信任網路。[1]」區塊鏈就是海耶克提出的貨幣多元化概念下的私有替代貨幣，數量繁多如 Twitter 或部落格帳號，而所有貨幣可在各自的社群（hyper-local）情境下完全流通，提升各社群的凝聚力。

區塊鏈是雲端版的跨國組織聚集地。區塊鏈可以是提供個人去中心化的治理服務、贊助識讀能力並促進經濟發展的手段。區塊鏈也可以用來證明及紀錄特定時間點下的任何文件或數位資產的具體內容。區塊鏈整合了人機交互作用、機器對機器（M2M）以及物聯網（IoT）支付網路，用來建構機器經濟（machine economy）。

區塊鏈與加密貨幣推動了 M2M 溝通的支付機制與會計制度。區塊鏈是可以登記、確認、轉移所有資產與社會互動的全球去中心化公開分類帳、也是社會的公共紀錄銀行，又或者是，以前

[1] Antonopoulos, A.M. Mastering Bitcoin: Unlocking Digital Crypto-Currencies. Sebastopol, CA: O'Reilly Media, 2014.

所未有的方式促進大規模人類進步的一種組織機構。區塊鏈是一種能夠使七十億個智慧代理進行全球性大規模協調的科技與系統。區塊鏈科技是一種大規模共識模型，這可能就是人們期盼已久，有助於引領友善機器智慧時代到來的機制。

利用共識機制來培養「友善的」AI

在未來科技發展相關的討論中，有一個具有前瞻性且重要的觀點：人工智慧（AI）的興起與如何讓 AI 與人類建立友善或和睦的關係。技術奇點（Technological Singularity）觀點認為當機器智慧超越人類智慧時，科技發展將會改變整個社會型態。

然而，目前還沒有關於如何與 AI 友善共處的完善計畫，所以許多人仍然懷疑友善 AI 的可能性。[2] 區塊鏈科技很有可能在逐漸增加的自主機器活動中，透過 Dapp、DAO、DAC 等方式，扮演連結人類與機器的角色。最終，人工智慧可能也會取代這些方式。而值得一提的是，「共識」機制可望促進友善的人工智慧發展。

「智慧」有極大發展空間

長遠來看，「智慧」領域還有很大的發展空間。這裡的智慧包括了人類、進化後人類、各式人機混合體、數位思維文件（mindfile），以及人工智慧的不同模式，比如模擬大腦和先進機器學習演算法等。區塊鏈科技可以用來磨合科技發展邁向種

[2] Bostrom, N. Superintelligence: Paths, Dangers, Strategies. Oxford, UK: Oxford University Press, 2014.

類多元的機器、人類和混合智慧未來的過渡期。未來這些智慧不可能單獨運作，而是與整個溝通網路連結。為了完成各自目標，數位智慧必須能夠在網路上進行特定交易，其中許多交易都可以藉由區塊鏈及其他共識機制完成。

只有友善 AI 的交易才能被執行

共識模型有一個意想不到的優勢，那就是這些模型可能促使產生「友善的 AI」，也就是在區塊鏈社會中有合作能力的道德玩家。[3] 在去中心化的信任網路中，代理人的名望（代理人處於匿名狀態）將會是決定其交易是否能被執行的重要因素。所以惡名昭彰的玩家則無法進行交易。任何關於資源訪問與使用的交易需求將必須透過共識模型並取得同意。

之所以共識模型能夠促進友善 AI 產生，是因為不好的代理人（bad agents）若想參與交易，必須在聲望與行為上也表現得像友善的代理人一樣。從結果來看，因為這兩類代理人皆表現良好，兩者變得難以區分。舉例來說，就好比反社會份子儘管存在於現實社會中，但他們被迫遵守社會結構與運作機制，因此從表面上來看就如正常人一樣。當然，也是有許多人對區塊鏈架構可以促進友善 AI 這一想法抱持反對意見：不好的代理人可以自行架構用於資料請求的智慧網路，或者在取得信任後翻臉不認人等等。不過，這些反對意見並沒有改變關鍵事實：當試圖限制某些行為時，區塊鏈科技可以是一種激勵和產生特定行為的制衡系統。這個點子旨在創造奧卡姆剃刀（Occam's

---

3 Swan, M. "Blockchain-Enforced Friendly AI." Crypto Money Expo, December 5, 2014. *http://cryptomoneyexpo.com/expos/inv2/#schedule* and *http://youtu.be/qdGoRep5iT0/*.

razor）情境，只要表現良好就可以得到好處，所以最簡單有效的獲益方式就是「參加」，系統自會給予良好玩家相應獎勵。

任何數位智慧可能都要進行一些如安全訪問、身份驗證與認證、經濟交易等關鍵操作。所有智慧代理人關注的就是在執行目標交易時所需要的任何訪問及認證形式，而這些形式是以共識為基礎而簽訂，除非這些代理人擁有可立足於網路的良好聲望，否則無法獲得權限。這就是友善 AI 如何在區塊鏈共識模型下產生作用的方式。

代表數位智慧的智慧合約

區塊鏈科技和共識模型不僅可用於發展友善 AI，也可以運用至其他方面。舉個例子來說，想像你是一個人工智慧或是數位思維文件，智慧合約在未來可能會充當你的代表人，確認你的存在及運行環境的細節。關於數位智慧，有一個存在已久的問題：假如你是人工智慧，你要如何確認自身的現實環境呢？—你是否確實存在著、你是否被適當備份、你確實在運行著、還有目前狀態是處於什麼條件下呢？就好比要如何確認數據你的數據中心不會將你推送到舊的 DOS 運算系統上、或將你刪除，甚至是停止運作呢？

區塊鏈科技的智慧合約正是未來時間框架下的通用第三方代表，可以用來驗證並實踐對物理參數—你作為人工智慧之存在事實—的控制。至於這要怎麼運作：你需要在區塊鏈上訂定智慧合約，以便定期確認你的運行參數及去中心化備份副本。智慧合約可以建立「未來代表人（future advocacy）」，是一種有許多相關應用的新型服務，在促進年長者權利的當前議題上即有實際應用。

推測在更遠的未來，在智慧網路系統上興盛的數十億數位智慧的先進社會中，將會需要複雜的準則（oracles），透過區塊鏈智慧合約或其他機制的訊息仲裁者（information arbiters）來解讀。屆時的商業模式可能是「準則即服務、準則即平台、準則即公共財」。

未來的維基百科可能會變成以區塊鏈為基礎的準則服務，用以查找數位思維文件處理、儲存與安全的當前標準，因為這些標準可能會因時間推移變得更加先進。你的智慧合約代表人可能會這樣告訴你：「您目前在正運行在當前標準：Windows 36 系統。」這些機制—可透過公共區塊鏈的智慧合約來訪問的動態準則服務—有助於創造數位智慧或其他非實體存在（non-embodied entities）的制衡系統，使它們能夠對其生存環境及未來發展感到自在。

區塊鏈共識提昇了宇宙間的資訊解析度

最後，區塊鏈在資訊科技領域中還有更多廣闊空間及眾多議題值得探索，其中就包括共識模型的意義及功能。關於什麼是「由共識衍生的資訊（consensus-derived information）」，最關鍵的問題就是：與其他種類的資訊相比，它具有什麼屬性與優勢？究竟由共識衍生的資訊是不是不同種類或形式的資訊呢？資訊流（flow）是一種建構世界觀與宇宙觀的方式。

利用區塊鏈科技可以將資訊分為三個層級，第一層是被動（dumb）、未經增強、未經調整的數據。第二層是在社群網路模型中已可行的「社群推薦數據」。因為同儕推薦系統中的數據已經經過社交網路的檢驗，所以具有非常高的數據品質。第三層則是區塊鏈上的共識驗證數據（consensus-validated data），此最高層級數據的準確性與品質會透過群體共識來驗證。不再只是同儕推薦，而是由智慧代理專家組成的正式結構來根據這層數據的準確性與品質形成共識。因此區塊鏈科技激發了由共識衍生的第三層資訊，它擁有更高的解析度，因為這層資訊的品質屬性可被密集調變（modulated），同時更加全面、更加平等，以及具有更高的流動性。區塊鏈應用至資訊科技，可以提供與資訊品質、真實性，以及衍生性資訊相關的高分辨調變技術。

所謂共識數據即是經大眾認可的數據品質、準確性以及數據真實性，在目前的應用即為比特幣的自主挖礦機制。至於「如何使用這種品質的數據？」或者就現實面來看，「社會要如何運用這種確認數據品質的廣泛機制？」思考「由共識衍生的資訊」的優勢只可能更加強調區塊鏈科技正是其核心要素，而可規模化的資訊認證與驗證機制可以促進人類進步，拓展至全球乃至超越行星的社會。

最終預測觀點認為「宇宙即資訊」，進步意味著往更高的資訊流解析度努力。資訊內容可被保存，但資訊密度卻無法。除了將區塊鏈科技視為未來人類進步的核心基本要素，它也可能是促進宇宙訊息解析度的重要工具。

附錄 A

加密貨幣的基礎

比特幣和其他電子貨幣被歸納為「數位現金」，是一種在網路上購買與販賣物品的方式。首先使用者必須先建立一個電子錢包，可以使用網頁端註冊，也可以下載 Blockchain.info、Mycelium、Coinbase、Electrum 或其他公司提供的桌機版或手機版。當你設定好電子錢包後，系統會自動產生專屬的比特幣位址、公鑰與私鑰。

典型的比特幣位址由是一串由 26 至 34 位英文字母與數字組成的字串，以數字 1 或 3 開頭，代表支付比特幣的可能對象，舉例來說：1JDQ5KSqUTBo5M3GUPx8vm9134eJRosLoH，而這串比特幣位址正是報導比特幣科技相關新聞的 podcast 頻道「Let's Talk Bitcoin」的打賞箱位址。比特幣位址就像電子郵件信箱，正如知道你電郵地址的人就可以向你發送郵件，知道你公鑰錢包位址的人也可以向你發送比特幣。

因為比特幣是一種數位現金，所以你的電子錢包並沒有實際現金（因此使用「錢包」一詞有些不恰當）。電子錢包裡有你的位址、公鑰與私鑰，以及在區塊狀帳本上你所持有的比特幣數量的紀錄，但這裡面並沒有任何實際現金。為了保護你的專屬私鑰，你的電子錢包也應該像傳統錢包一樣妥善保管。因為任何得到你私鑰的人，就能使用、花費或轉移你的比特幣。你不能將私鑰給任何人或把私鑰存在交易所（因為不慎的私鑰安全問題一直是比特幣相關竊盜或詐欺案的主要因素）。

只要有你的比特幣位址，任何人都可以發送比特幣給你（就像任何人都可以發送郵件到你的電子郵件信箱）。當你想轉一筆比特幣給別人，你需要對方的位址和你的電子錢包私鑰，軟體會審核你的私鑰來確認你擁有該比特幣的掌控權。你可以透過電子郵件或簡訊等方式取得對方的電子錢包位址，或是掃描對方電子錢包位址的 QR Code。發送方掃描接收方的電子錢包位址 QR 碼，並使用電子錢包 app 輸入交易相關資訊如轉帳金額、交易手續費（依各錢包 app 而異）以及其他參數後，再將比特幣發送給對方。當發送方送出這筆交易後，比特幣網路上就會出現一則訊息廣播，說明發送方位址的一筆比特幣的所有權將轉移到新的位址上。這項操作需要透過發送方的私鑰授權，假如錢包沒有對應這筆比特幣的私鑰，則交易無法進行。

一筆真實有效的交易將會在「未被確認」的狀態下立即傳送到接收方的電子錢包 app 中。確認交易成功大約會花上十分鐘，由比特幣礦工確認並將這筆交易加到區塊鏈上。所以如果是購買高價商品如汽車或不動產，你的確可以等上十分鐘來確認交易狀態，但如果只是像買杯咖啡這種小額交易，就大可不必等待了。

「公鑰與私鑰加密學」第一課

初次設定電子錢包時會自動產生專屬的位址、一把公鑰與一把私鑰。由於比特幣採用公鑰加密制，表示你可以自由地在網路上公開公鑰，但一定要將私鑰好好保管在自己手上。

比特幣位址由軟體產生的隨機數字組成，同時按照現行標準，使用橢圓曲線數位簽章演算法（ECDSA），產生一組公鑰／私鑰對（key pair）。這組公／私鑰具有數學相關性，且進行比特幣交易時會作為確認機制。這項操作一開始就會產生私鑰，不過若要產生一串比特幣位址則需要額外步驟。比特幣地址不僅僅只是公鑰，而是將公鑰加以改造以便更有效利用。比特幣位址的產生過程是將公鑰經過額外的加密協議（如 SHA-256 和 RIPEMD-160）算法處理，接著透過雜湊演算法（將一串字串轉化成與原值相對應，但更簡潔具有固定長度的值或金鑰）與系統微調，諸如移除看起來很相似的符號，比如小寫的 L 和大寫的 I，數字 0 和字母 O、在末端加上檢查總和（checksum）、在開頭加上識別碼：大多數的比特幣位址的開頭都是 1，表示這是公開的比特幣網路位址。

儘管就技術層面來看，不同的兩個人可能會產生相同的比特幣位址。這種情況下，雙方都能使用這個位址的比特幣。不過，這種情況幾乎不存在，因為發生機率小於 99.9999999999%。一個比特幣錢包可以包含數個位址（有一種安全策略就是為每筆交易使用新的位址，或者產生新的位址）以及一把或多把保管在錢包檔案中的私鑰。私鑰與該電子錢包所產生的所有比特幣位址在數學上都具有相關性。

私鑰通常是一串 256 位的數字（雖然有些錢包使用的是 128 位和 512 位），可以用一種或多種方式呈現。以下是十六進制私鑰（*https://en.bitcoin.it/wiki/Private_key*）的例子（256 位為十六進制下為 32 字節，或者是在 0 到 9 或 A 到 F 之間的 64 個字元）：

```
E9 87 3D 79 C6 D8 7D C0 FB 6A 57 78 63 33 89 F4
45 32 13 30 3D A6 1F 20 BD 67 FC 23 3A A3 32 62
```

這裡還有另一種私鑰和對應公開位址的例子：

```
私鑰：
791866703012990464368584129364204170766609233590507320941160689513371
64773779

公開位址：
1EE8rpFCSSaBmG19sLdgQLEWuDaiYVFT9J
```

想要從公鑰反向推倒回私鑰的嘗試是不可能的（不管是用雜湊算法或其他技術都行不通），或者代價甚高，所費不貲（確認一筆交易需要大量的運算能力及很長的時間）。接收比特幣只需要位址就行，而想要發送比特幣則需要公鑰 / 私鑰對。

附錄 B

Ledra Capital 的區塊鏈應用列表

位於紐約的創投公司 Ledra Capital 致力於發想與列舉區塊鏈科技的廣泛應用場景（*http://bit.ly/blockchain_tech_uses*）。以下分類羅列了區塊鏈科技在金融工具、公開、私人或半公開紀錄、有形資產密鑰、無形資產以及其他潛在領域的應用。

一、金融工具、財務紀錄與模型

1. 貨幣
2. 私募股權
3. 公募股權
4. 債券
5. 衍生性金融商品（遠期、期貨、交換、選擇權及更複雜的交易契約）
6. 任何與前述相關的投票權

7. 大宗商品
8. 消費記錄
9. 交易紀錄
10. 房屋抵押 / 貸款記錄
11. 服務紀錄
12. 群眾募資
13. 微型貸款
14. 微型慈善

二、公開紀錄

1. 地契
2. 車輛登記
3. 營業執照
4. 企業合併 / 解散紀錄
5. 企業所有權
6. 管制紀錄
7. 犯罪紀錄
8. 護照
9. 出生證明
10. 死亡證明
11. 選民身份證件

12. 投票
13. 健康 / 安全檢查
14. 建築許可
15. 槍枝許可
16. 法醫証據
17. 法庭記錄
18. 投票記錄
19. 非營利記錄
20. 政府 / 非營利組織會計透明化

三、私人紀錄

1. 合約
2. 簽名
3. 遺囑
4. 信託
5. 託管
6. 個人 GPS 軌跡

四、其他半公開的紀錄

1. 學位
2. 證書
3. 學習成果

4. 成績
5. 人力資源紀錄（薪資、績效考核、工作表現）
6. 醫療紀錄
7. 會計紀錄
8. 業務交易紀錄
9. 基因組數據
10. GPS 系統（機構）
11. 送貨紀錄
12. 仲裁

五、有形資產密鑰

1. 住家 / 公寓鑰匙
2. 度假村 / 短租住處鑰匙
3. 酒店房間鑰匙
4. 車鑰匙
5. 出租汽車鑰匙
6. 租賃汽車鑰匙
7. 置物櫃鑰匙
8. 包裹遞送（由快遞公司與收件人共同管理的私鑰）
9. 投注紀錄
10. 遊戲紀錄

六、無形資產

1. 優惠券
2. 禮券
3. 預訂紀錄（餐廳、旅館、排隊等）
4. 電影票
5. 專利
6. 著作權
7. 商標
8. 軟體授權
9. 遊戲授權
10. 音樂、電影、書籍授權（數位版權管理，DRM）
11. 網域名稱
12. 網路身份
13. 作者權證明 / 先驗藝術證明

七、其他

1. 文獻紀錄（圖像、音檔、影片）
2. 數據（體育賽事比分、溫度等）
3. Sim 卡
4. GPS 系統的網路身份
5. 槍械解鎖代碼

6. 武器解鎖代碼
7. 核武啟動代碼
8. 垃圾郵件管控（使用微型支付）

索引

※ 提醒您：由於翻譯書排版的關係,部份索引名詞的對應頁碼會和實際頁碼有一頁之差。

A

B

C

D

E

F

G

H

I

J

K

O

P

R

S

T

U

V

W

X

Z

關於作者

Melanie Swan 是 Institute for Blockchain Studies 的創辦人，於賓州大學華頓商學院取得 MBA 學位，並擁有英國金士頓大學與巴黎第八大學的當代哲學碩士學位。曾任職於 Fidelity 及 JP Morgan。

身為新創團隊 GroupPurchase 的創辦人暨 Prosper 的顧問，Melaine 為 Deloitte 開發了一套可應用於虛擬數位世界的資產估值和會計準則。

Melaine 於初期即參與了「量化生活運動（Quantified Self Movement）」，並於 2010 年創立了 DIYgenomics，率先將「群眾外包」概念與健康研究結合。

Melaine 是奇點大學的講師，也是倫理與新興技術研究所的會員學者，曾受邀對 Edge 網站的年度問題做出回應。

出版記事

本書封面的動物是匈牙利灰牛（學名：Bos taurus）。匈牙利灰牛很有可能是 9 世紀初由匈牙利民族從喀爾巴阡山脈以外的地區引進中歐的家牛品種。目前僅可確認的是，該品種在 15 世紀初就已經大量存在，當時匈牙利灰牛已被大量出口到歐洲其他城市。

由於匈牙利灰牛對於環境的韌性和適應性極強，作為役用動物已有數百年之久。匈牙利灰牛適合在糧草充足的牧場上自由放牧，牠們能適應廣泛多變的氣候，而且母牛較少經歷產犢困難。

在 19 世紀末期至 20 世紀初期，牧場的減少是匈牙利灰牛品種的第一個威脅。同時間，農業機械化緩和了匈牙利灰牛的役用需求。將匈牙利灰牛與其他中歐的牛隻配種，試圖使其演化，也相對減少了匈牙利灰牛的數量。1962 年的調查指出，當時僅存的匈牙利灰牛只剩 6 隻，如今發達的復育技術已讓匈牙利灰牛恢復到足以維持基因多樣性的數量。

絕大多數的匈牙利灰牛棲息於匈牙利的國家公園中，目前該品種被視為重要的遺傳資源。

歐萊禮叢書封面上有許多動物正瀕臨絕種，想知道你能如何幫助牠們，請參考 *animals.oreilly.com*。

封面圖的來源為 Cassell's Natural History。

區塊鏈｜未來經濟的藍圖

作　　者：Melanie Swan
譯　　者：沈佩誼
企劃編輯：莊吳行世
文字編輯：江雅鈴
設計裝幀：陶相騰
發 行 人：廖文良

發 行 所：碁峰資訊股份有限公司
地　　址：台北市南港區三重路 66 號 7 樓之 6
電　　話：(02)2788-2408
傳　　真：(02)8192-4433
網　　站：www.gotop.com.tw
書　　號：A528
版　　次：2018 年 01 月初版
　　　　　2022 年 07 月初版十二刷
建議售價：NT$380

國家圖書館出版品預行編目資料

區塊鏈：未來經濟的藍圖 / Melanie Swan 原著；沈佩誼譯. -- 初版. -- 臺北市：碁峰資訊, 2018.01
面；　公分
譯自：Blockchain：Blueprint for a New Economy
ISBN 978-986-476-689-5(平裝)
1.電子貨幣　2.電子商務
563.146　　106024402

讀者服務

- 感謝您購買碁峰圖書，如果您對本書的內容或表達上有不清楚的地方或其他建議，請至碁峰網站:「聯絡我們」\「圖書問題」留下您所購買之書籍及問題。(請註明購買書籍之書號及書名，以及問題頁數，以便能儘快為您處理)
http://www.gotop.com.tw

- 售後服務僅限書籍本身內容，若是軟、硬體問題，請您直接與軟體廠商聯絡。

- 若於購買書籍後發現有破損、缺頁、裝訂錯誤之問題，請直接將書寄回更換，並註明您的姓名、連絡電話及地址，將有專人與您連絡補寄商品。